JN314217

The Nail Design *for* Ladies

大人のおしゃれネイル
デザイン帖

すぐできる
165

藤原真紀

CONTENTS

04
introduction

06
CHAPTER.1 fashion × nail design
〜ファッションで選ぶネイルデザイン

#01 Simple Chic ／シンプルシック
#02 Rich Elegant ／リッチエレガント
#03 French Girly ／フレンチガーリー
#04 Lady Classic ／レディクラシック
#05 L.A. Casual ／L.A. カジュアル

37
藤原 RULES ①
「ネイルの持つパワーは絶大！」

38
CHAPTER.2 scene × nail design
〜シーンで選ぶネイルデザイン

1 Party style ／パーティスタイル
2 Vacance ／バカンス
3 Wedding ／ウエディング

44
special column
フォーマルネイル

design variation
1 スター・ライトニング・スマイル　35
2 リボン・レオパード・ボーダー　36
3 ハート・フラワー・マーブル　60

61
藤原 RULES ②
「ネイルは女性の品格につながるもの」

62
平子理沙 × 藤原真紀　special talk

69
nail basic 〜ネイルの基本
ハンドケア＆フットケア

ネイルについての悩み

基本のテクニック

コンプレックスケア

82
inspired...... 〜デザインが生まれるところ

84
ネイルサロン「et Rire／エリール」

88
最後に

ネイルはファッションの一部!
トータルバランスこそ大人ネイルの神髄

ネイリストとして多くの女性と接している中で、常々思っているのは"清潔感"こそが最も大切だということです。そして、大人だからこそファッションにとけ込むネイルをしてほしいと思います。ネイルだけが目立つのではなく、ファッションとのトータルコーディネイトがピタリ! とはまってこそ、大人の女性の魅力が生まれるのです。それぞれのライフスタイルやファッションに合わせてトータルバランスで考えることが大切です。

例えば、新調した洋服に靴やバッグを組み合わせながら、自宅の鏡の前でファッションショーをするように、ネイルも一つの小物として捉えてコーディネイトをしてみると、きっと新たな発見があるはずです。指先にある爪はとても小さな部分ですが、体の中でも常に動いているパーツなので想像以上に人の視線を集めます。そこにカラーやストーンをのせてみると、まるで新しいアクセサリーを手に入れたかのようにオシャレの完成度が一気に上がる効果があるのです。

この本では、ファッションスタイルや、TPOに合わせるための"ネイルの足し算と引き算"がわかるように、たくさんのバリエーションを紹介しています。特に大人の女性にオススメなデザインが中心となっているのでシンプルなもの、ポップなもの、エレガントなもの……などの中からお気に入りのデザインを見つけてネイルを楽しんでもらえたら嬉しいです。

Maki Fujiwara

Profile
藤原真紀

ネイルサロン「et Rire」(エリール) 主宰。絶妙なバランスのカラーセンスに定評があるトップネイリスト。ファッション性が高いデザインを支持するファンが多く、平子理沙さんをはじめ、多くのモデルや女優ほか、美容関係者も厚い信頼を寄せている。

enjoy nail

INTRODUCTION

introduction

VOCE 2010年7月号

GLAMOROUS 2010年3月号別冊付録

GISELe 2010年10月号

女性誌からの注目度も高く雑誌に出ない月はないほど!

ファッション誌やビューティ誌からの企画依頼がひっきりなしのトップネイリスト。左上:「VOCEのペディキュア企画はとても好評で、いまでも雑誌のキリヌキを持参してきてくださる方が」右上:平子理沙さんとのコラボレーションによる、GLAMOROUSの別冊付録。「理沙さんのファッショナブルな世界観を表現しました」左下:「GISELeでは、秋冬のオススメネイルを紹介。理沙さんのお気に入りデザインも披露しました」 そのほかにも、平子理沙さんMC時の『BeauTV〜VOCE』(テレビ朝日系)出演や、カネボウ コフレドールのネイルを担当したりと、幅広く活躍中。

INTRODUCTION
05

ネイルデザインを考えるときに、何よりも大切なことがあります。それは、
指先だけで楽しむのではなく、ファッションのコーディネイトの一部として
ネイルを捉えて、トータルなバランスを考えながら色やデザインを決める、
ということです。ネイルのデザインだけにこだわると、そのディティールだけが
浮いてしまい、その人の印象よりもそのイメージのほうが強く残ってしまうのです。
今日の服は、シンプルなのか、カジュアルなのか、エレガントな雰囲気なのか。
ファッションを出発点にして考えてみると、差し色や抜け感のバランスにも
気づくことができて、よりオシャレなコーディネイトが完成するはずです。

CHAPTER. 1

fashion
✕
nail design

〜ファッションで選ぶネイルデザイン

FASHION #01 NAIL DESIGN

SIMPLE CHIC

シンプルシック

上品なファッションだからこそ
華やかなネイルでバランスを調整

シンプルスタイルのファッションだからといって、必ずしも
落ち着いたベージュのネイルが最適、というわけではありません。
特に着飾った感じがしないのに美しい、そんなコーディネイトを
より生かすためのネイルは、"さりげない華やかさ"がポイント。
爪の形をゆるやかでフェミニンなカーブに整えることも
シンプルな装いに女性らしさを加えるテクニックのひとつです。

SIMPLE CHIC

fashion × nail design #01

華美な要素をそぎ落としたコーディネイトには
ネイルで程よい華やかさをプラス

クリアベースに細めの白で整えた"フェミニンフレンチ"。
薬指のオパールとラベンダーのストーンが
大人のリッチ感を演出することで、クリアのフレンチでも
コンサバにならず、抜け感のあるコーディネイトに。

どんな肌にもなじむヌーディピンクは、マットでもなく、
パールでもない、ナチュラルなツヤ感がポイント。
華奢なストーンを爪の根元のキューティクルラインに
並べると、アクセサリーいらずの華やかさが生まれます。

オシャレ度の高いグレージュ色のフレンチには
ゴールドのラインを加えることでコンサバ感を出し、
バランスをとります。クリスタルのプチストーンを
シンプルにのせ、大人のきちんと感とフレッシュさを演出。

シアーで上品なアイスブルーを大人肌に合わせるときは
クリアベースとの間にシルバーラメを入れると
肌なじみがよくなり、単色塗りよりも指が長く見えます。
フレンチのカーブを深めにつけると、爪の縦長効果も！

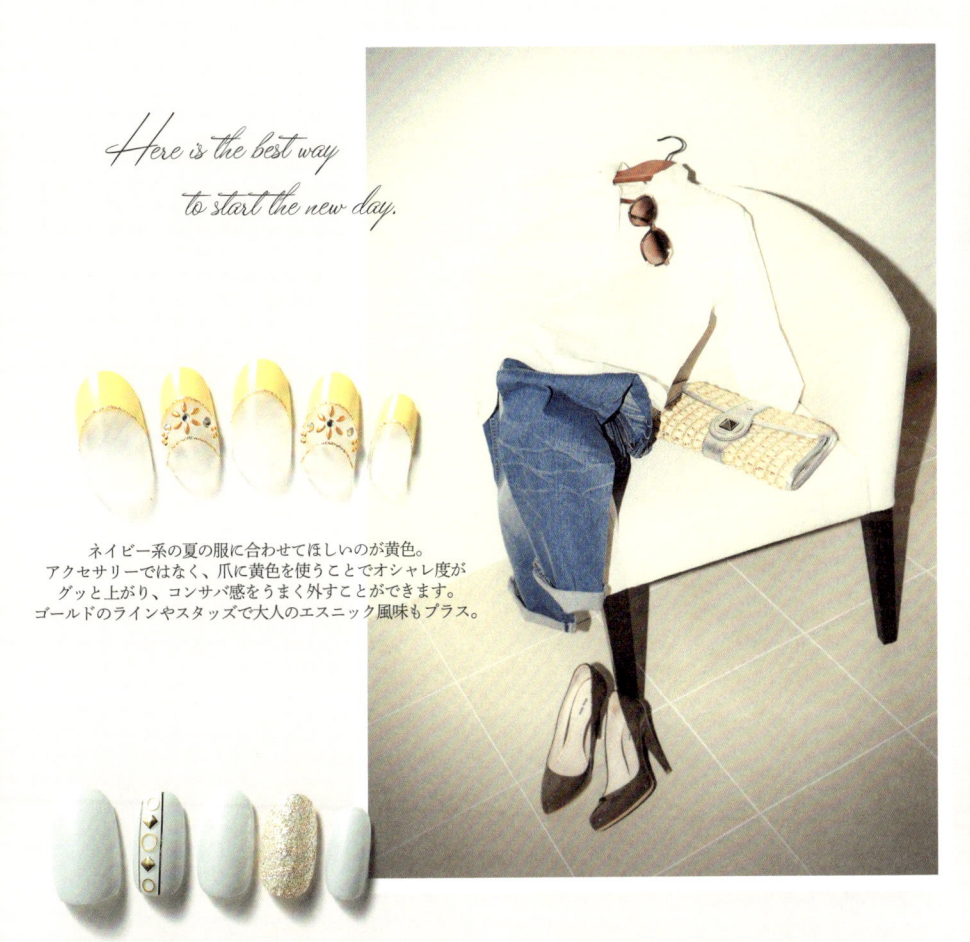

Here is the best way to start the new day.

ネイビー系の夏の服に合わせてほしいのが黄色。
アクセサリーではなく、爪に黄色を使うことでオシャレ度が
グッと上がり、コンサバ感をうまく外すことができます。
ゴールドのラインやスタッズで大人のエスニック風味もプラス。

ほのかなパールが入った、上品なアイスブルー。
肌のくすみを消して、明るく見せるためには
ゴールドのラメネイルを全面に塗った爪を1本入れ、
異素材のスタッズをミックスするテクがオススメです。

ベビーピンクとシルバーのダブルフレンチ。幼い印象に
なりがちなベビーピンクでも、シルバーを合わせることで
上品に見せることができます。ベースは自分の爪に近い
ナチュラルな色を選び、ラメのやりすぎ感を引き算して。

SIMPLE CHIC

SIMPLE CHIC

fashion × nail design #01

軽やかな色やフェミニンな要素で
シンプルシックに華を添えて

肌のくすみを気にしてピンクを選ぶ人が多いのですが、ベージュピンクにシルバーとゴールドのラメをミックスすれば、くすんだ肌色も明るく見えます。ふんわりと柔らかで、フェミニンな印象です。

これは単色塗りが好きな人にオススメなデザインです。さわやかな水色ベースに、シルバーのラメラインをセンターに入れると、フェミニンさとリッチ感がアップ！ネオモード感もプラスすることができますよ。

Have a break!

一見、シンプルなネイルに見えますが、ニュアンスカラーをさりげなく組み合わせた、遊び心のあるデザインです。上品なベージュ系を組み合わせ、繊細なニュアンスを楽しむことができます。ストーンに抵抗がある人はぜひ！

色白の人にも日焼け肌にも合う、万能ベージュにフレッシュ感のあるライムグリーンとゴールドを合わせてオシャレ感のある大人ボーダーが完成。グリーンの潔いラインが入ることで、程よいハンサム感も生まれます。

SIMPLE CHIC

「やってよかった！ 服も選ばないし！」という声の多い
人気のデザインです。肌を明るく見せる淡いグレージュに、
パール＆ゴールドのジュエリー的なデザインで
デコレーション。ゴールドのテープで甘さを引き締めて。

Have many dream in your life.

こっくりとした濃いベージュは、爪全体に塗ると
重くなりがちなので、白とのダブルフレンチで
抜け感を出します。深いカーブをつくり、華奢な
ゴールドラインで締めることで、"できる女"風に。

ブルーグレーを上手にこなす方法は、どこかを崩して
抜け感を出すことがポイントです。エレガントに
なりがちな色なので、先端に大小のパールやスタッズを
ちりばめると、カジュアルさが出てバランスがとれます。

SIMPLE CHIC
fashion × nail design #01

{ Pedicure }

シンプルシックのペディキュアは
辛さとカジュアルさで決めたい

Walk! Walk! City ladies!!

上品なベージュとゴールドラメのボーダーで、大人っぽいココア色を引き立たせ、シンプルながらもパッと目を引くデザインに仕上がっています。茶系にまとめ、デザインを1本に絞ったことが成功の秘訣。

ハードルが高く思われがちなブルーグリーンは、パール感のあるものを選んで。白っぽく見えるので肌をくすませることなく、なじみます。根元にクリスタルの光を入れることで、肌がより明るく！

夏のサンダルシーズンにチャレンジしてほしい大人オレンジ。シャンパンゴールドやシャンパンピンクのストーンとライトゴールドのスタッズの組み合わせでジュエリー風にあしらい、オレンジを大人っぽい印象に。

純銀シルバーとオーロラのラメをミックスすることで軽やかな雰囲気に。さらに大小のホログラムを散らして、ただのラメとはひと味違う、オシャレ感を。靴も選ばず、飽きずにオールシーズン使える万能ネイル！

Rich Elegant

FASHION #02 NAIL DESIGN

リッチエレガント

オシャレ感度の高い大人の装いには
ゴージャス感のあるネイルを!

イタリアのマダムのように、ゴージャスで上質なものを身にまとう
女性は、その装いに引けを取らないリッチ感のある
ネイルデザインでトータルバランスをとりたいもの。
こっくりとした濃度のある色や、ジュエリー感が漂うゴージャスな
ストーン使いにすると相性抜群です。ただし、小物などが派手に
なりやすいので、too muchなデザインは厳禁。原色は使わず、
ほんの少しデザインでパンチをきかせるくらいのバランスが吉です。

Rich Elegant

fashion × nail design #02

パンチのきいたデザインは
ファーやレザーと組み合わせたい

グレーと白のダブルフレンチは、上質なパール
ホワイトをベースにもってくることで品のよい印象に。
また、ピンクやラベンダーのストーンや、シルバーラメを
組み合わせることでグレーをエレガントに見せています。

エレガントな服を引き立て、肌とのなじみもよい
パール感の強いピンクベージュは、グレーのストーンで
ジュエリーっぽいアクセントを置くことがポイント。
ヴィンテージ感のあるデザインで"おばさん"感を一蹴。

女性らしい深みのある赤は、斜めのフレンチラインで
あえて王道から外し、遊びを取り入れたい。そこに、
シルバーラメのラインや、大小のパールを加えて
ハードになりすぎない、フェミニンな雰囲気を演出して。

濃い色に挑戦してみたい人は、メタリックブラウン
やシャイニーブラウンなど、ほんのりパールやラメが
入っているものが使いやすいはず。ホログラムと
ストーンでボーダーをつくるとリッチ感がアップ！

How to spend luxurious time.
Feel like glamorous.

#02

秋冬に大人気のこっくりとしたココア色が主役。
差し色に使ったゴールドのラメを薬指にのせ、大ぶりの
スクエアスタッズを根元に置くことでこなれた雰囲気に。
シンプルながらもかなり存在感のあるデザインです。

こっくりとしたココア色の"まっすぐフレンチ"は
境界線にラメのラインではなくラインテープを使い、
爪の先端を若干シャープな形にすることがポイント。
服の強さに負けないよう、華奢なものはアウトして。

意外にも大人からのオーダーが多い、カーキブラウンと
黒ストーンの組み合わせは、ラグジュアリーでグラマーな
印象。逆フレンチの程よい抜け感が絶妙なバランスです。
レザーアイテムとの相性も抜群！ 人と差がつきますよ。

RICH ELEGANT

Rich Elegant

fashion × nail design #02

#02 NAIL DESIGN

エレガントな中にピリリときかせる
リッチ感はオシャレ上級者ならでは！

キャメルとパールホワイトを使った逆フレンチは
2連ゴールドの華奢なネックレスをイメージした
繊細なゴールドラインで女らしさを際立たせています。
ゴージャスな装いとフェミニンなネイル、素敵ですよ！

Shall we go to dinner!

洋服では組み合わせることの多いキャメルとネイビー
をネイルに応用。エレガント×シックな大人っぽい
色使いなので、宝石のようなカラーストーンを
モチーフ風にアレンジし、存在感とこなれ感を演出。

キャメルとボルドーのダブル逆フレンチは、太い幅で
色のアクセントをきかせつつも根元をクリアにして
抜け感を出すのがポイント。デザイン性が高いのでストーンは
使わず、ゴールドの繊細なラインで華奢な要素をプラスして。

RICH ELEGANT

メタリックブラウンの逆フレンチに、パールと
リーフ形のスタッズを並べることで、辛口エレガント
の雰囲気になります。ミルキーベージュの部分が半分
あることで抜け感が出て、ダークカラーも取り入れやすく。

いかにもリッチでゴージャスな雰囲気が醸し出される
大人ボルドーは、キャメルのレオパードで外すのが
オシャレです。エレガントさも忘れたくないので
根元に華奢なストーンを盛り込み、バランスを調整。

モード感のあるグレージュをエレガント仕様にするときは
先端を少し細めのシェイプに整えてフェミニンに。
また、ゴージャスなネックレスをイメージした
流れるようなストーン使いできらめくビジューを表現。

こっくりとしたベージュがベースのシンプルネイルは
ブラウンのグラデでつくった薬指のボーダーにさまざまな
ストーンをのせてジュエリー風な華やかさをプラス。
爪の先端はフラットに整え、計算したカジュアル感を。

Glamour of women.

RICH ELEGANT

Rich Elegant

fashion × nail design #02

{ Pedicure }

大人だからこそ品よくこなせる
ラグジュアリーな派手ペディキュア

A woman of refinement,
Fall in love ♡

意外にも白は派手に見え、遠くからも目立つのでペディキュアにオススメ。ストーンやラメ、スパンコールなど、いろいろなパーツや素材を放射状に散らすことで、白をより引き立ててくれます。日焼け肌にオススメ！

上質な洋服を着こなし、ラグジュアリーな小物を持つ大人の女性にこそ、辛口のレオパードを黒のネイルと合わせてハードに決めてほしい。スクエアのスタッズをアクセサリー感覚で足すと、大人リッチな雰囲気に。

エレガントなディープパープルは、オンナ度をグッと上げてくれる華やかさを持っています。ゴージャスなストーンやパール類をたっぷり盛っても品が失われないのはパール感のあるディープパープルの高貴さによるもの。

ダークレッドにシルバーのハーフムーンを描いてモード感を演出。足元は遠くからも見えるので、遠目でもパッと目立つ、シンプルなデザインが◎。根元のシルバーは足がキレイに見える効果も！

FASHION #03 NAIL DESIGN

FRENCH GIRLY

フレンチガーリー

可愛いものが大好きな大人ガーリー派に捧げるスイートネイルが大集合

シンプルなボーダーや、レースにリボンなど、ベーシックカジュアルの
定番アイテムは、どれもパリジェンヌを思わせるものばかり。
そんな永遠のベーシックを取り入れたフレンチガーリーなファッションは、
カラフルな色や柄のネイルを取り入れやすいのが特徴です。
マカロンカラーや赤やネイビー、チェックやドット、ボーダーなどの
ガーリーネイルは、どのような点に注意すると大人でも
楽しむことができるのか、そのバランスをお伝えします。

fashion × nail design #03

French Girly

甘さと引き算のバランス感覚が大人ガーリーを楽しむ秘訣！

さわやかなレモンイエローに、白レースと白ドットを加えることで、さらにさわやかで甘い印象になります。スイートなデザインを大人仕様にするときは、レースを目立たせず、ベースの色になじませるのがコツ。

サーモンピンクにミルキーなオパールのストーンが夏っぽさを演出。オパールはクリスタルより甘さが出るので全体が淡くて優しいイメージにまとまります。1本だけ、ラベンダーを加えて甘さを引き算するのもオススメ。

落ち着いたローズピンクの逆フレンチは甘さを引き算した華奢なリボンをポイントに。コロンとした丸みのあるリボンではなく、きちんと感のあるリボンだから「これならできる」と、大人の女性に人気のデザインです。

甘くなりすぎず、さわやかな印象の大人チェック。ピンクや水色だと子どもっぽくなってしまいますが、白×ネイビーにするとベーシックな雰囲気に仕上がります。清潔感のあるパールとシルバーブリオンでプチアレンジを。

FRENCH GIRLY

We must enjoy being a girl ♡

一度は塗ってみたいと思わせる大胆な赤も、デザインの
組み合わせ次第で、大人ガーリーなテイストに
することができます。薬指にレトロなローズプリント
を入れることで、抜け感と可愛らしさを出す効果が。

砂糖菓子を思わせるパステルピンクをベースに
白とホワイトゴールドを使ったボーダーで、大人可愛い
仕上がりに。少し太めのボーダーにして甘さを調整し、
細いホワイトゴールドで境目を締めるとぼけません。

子どもっぽく見えがちなピンク×白ドットですが
大人が楽しむバランスにするためには、爪の形を
スクエアにして、ドットの部分に幅を出さずに仕上げる
ことがポイント。クリアなベースで甘さをマイナスして。

FRENCH GIRLY

fashion × nail design #03

FRENCH GIRLY

カラフルな色を楽しめるのは大人ガーリーだけの特権！

I don't know why
Red nails make me happy

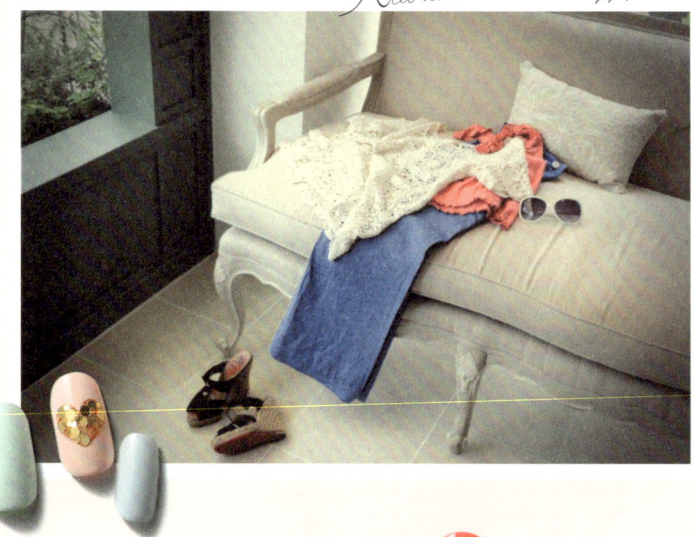

大人のマルチパステルは、爪をできるだけ短く整え、コロンとした形にすること。小さな爪にすることで主張しすぎることなく可愛らしさを演出できます。ハートもゴールドのホログラムで大人テイストに。

ジューシーな赤の逆フレンチは、「どんな服にも合う」と大人可愛いファッション派の女性に大人気。特に夏はリピート率が高いです。透け感のある赤が肌を白く見せ、プチダイヤ風のストーンが大人っぽく仕上がる計算。

透明感のあるベージュピンクをベースに、小粒なパールと白のリトルドットをあしらいました。ドットがベージュピンクのベースにとけ込むようなニュアンスが、可憐な可愛らしさを生み出す秘密です。

ほんのり日に焼けたヘルシースキンに似合う青みがかったシャーベットピンク。水色や黄色、ピンクなどを取り入れた繊細なフラワープリントで甘さをプラスして、大人の可愛さを演出しました。

FRENCH GIRLY

淡いミルクティベージュと白のボーダーは、愛され定番
ネイルのひとつ。ベーシックなデザインなので、ボーダーを
互い違いにするアレンジを加えたり、ミントグリーンと
ホワイトオパールのストーンでさわやかさをプラスして。

甘さ全開のピンクと白のギンガムチェックは
ぜひ、夏のデニムと合わせて外した着こなしを！
レースなどの甘いファッションだとtoo muchな印象になる
ので避けて。ストーンはのせず、シンプルがベストです。

パステルイエローは、ノスタルジックな花柄と
さわやかな水色を合わせることで、さわやかさと
可愛さが倍増。ただし、甘くなりすぎないよう、シルバー
スタッズを一粒ずつ根元にのせ、全体を引き締めます。

Love beautiful Paris ♡

FRENCH GIRLY

fashion × nail design #03

FRENCH GIRLY

{ Pedicure }

フレンチガーリーは足元にも可愛らしい要素を取り入れて！

マリンなボーダーはフレンチガーリーの夏の定番。白×ネイビーには赤だと"ザ・マリン"になりすぎるのでピンクを合わせて抜け感や軽さを出します。ゴールドチェーンのシールは、大人マリンの必須アイテム。

ティファニーブルーは、夏のTOP 3に入る人気のカラー。30〜50代と幅広い年齢層に好まれる上品な色です。親指には小さなクリスタルで大きなリボンをあしらって、高級なアクセサリーのようなイメージに。

I love "Border" forever!

ガーリーな雰囲気を思いきり楽しみたいときにはバラやレース、ピンクのラブリーモチーフをミックス！大人テイストのローズにしたり、デニムに合わせたりすることで、大人ならではの甘さ加減を調整して。

赤のペディキュアは永遠のベーシックカラー。そこに、さりげなく要素を加えたいときには、親指の根元に赤のストーンを並べるテクがオススメです。"赤 on 赤"にするだけで、グッとオシャレな雰囲気に！

Lady Classic

FASHION #04 NAIL DESIGN

レディクラシック

定番アイテムを可愛らしく着こなす
大人ガーリーの秋冬コーディネイト

クラシックなブーツやブーティ、チェーンバッグのほか、
帽子やアクセサリーなどの小物使いが上手な女性は、
大人ならではの可愛らしさと華やかさに溢れています。
ベーシックなアイテムを可愛らしく合わせた、大人ガーリーな
ファッションには、こっくりとしたカラーと
遊び心のあるネイルのコーディネイトが似合います。
秋への衣替えと同時に、ネイルも着替えましょう。

fashion × nail design #04
Lady Classic

ファーや帽子、コートに
合わせたくなるレディな可愛さ

こっくりベージュをベースにして、小さな黒ドットとカメリアのブローチ風デザインでトータルコーデ。黒いホログラムのドットだけで仕上げると甘くなりすぎるので黒やグレーのワントーンでつくった辛口の花で調整を。

大人モードな中にも可愛らしさを感じさせる、グレーと乳白色のストレートラインフレンチ。ニュアンスカラーのストーンをふんだんにのせ、レディライクな要素を加えれば、ハンサムガーリーなネイルが完成です。

ひょう柄を取り入れたいけれど、ちょっと抵抗がある人には、深みのあるローズにリボン形のひょう柄を合わせて。小さなゴールドのスタッズで立体感を出し、アクセサリー感覚で取り入れれば遊び心のある大人可愛いテイストに！

I enjoy changing clothes one after another ♪

アンティークローズはキャメルベージュとフレンチにすることで、秋冬のコーディネイトにも合うこっくりとした深みが出ます。流れるように置いたルビーのビジューとゴールドのラインが女性らしい雰囲気。

定番のひょう柄には特別なこだわりがあり、必ずコロンとした形に描いて、女の子っぽい"可愛いひょう柄"をつくるようにしています。スタッズも丸いタイプを選んで丸さを強調。短い爪でカジュアル感を出して。

ミルキーベージュ×黒は、抜群に可愛い組み合わせ。そのバランスをネイルに取り入れました。黒でペイントしたリボンは華奢なゴールドで縁取り、乙女心をくすぐるパールで絶妙なバランスをとって。

こっくり系ブラウンの3色グラデーションに、アンティークブローチみたいなビジューとストーンで、クラシックな印象に。カラーミックスはパール感のある色を1本プラスするとバランスがとりやすいですよ。

LADY CLASSIC

fashion × nail design #04

Lady Classic

ボーダーやチェックも温もりを感じさせる秋冬仕様

ヴィンテージ感のある色を使ったフレンチは
アンティーク感を出したストーンがオシャレ。
ゴールドとラメをランダムに塗った上に、くすみ系の
ストーンをのせるとより引き立って、輝き感がアップ。

オシャレ上級者に見える、シックな大人グリーンは
ルビーやパールなどの女の子的要素が高いストーンを
たくさん集めた可愛いデザインがポイント。ラメには
シルバー、パープル、ゴールドをミックスして高級感を。

ボルドーの逆フレンチは、ファッションから
インスピレーションを得た、キャメルのパイピング風の
ラインがきいたクラシックなデザイン。
丸い金ボタン風のゴールドスタッズが効果抜群！

こっくりとしたキャメルに、シンプルを極めた大人の
オシャレボーダーをコーディネイト。キャメルと
ココアのボーダーは、カジュアルな太めの幅にしつつ、
華奢なゴールドラインでレディライクな要素を絡めて。

LADY CLASSIC

上質なツヤ感がきいたネイビーを主役に
ブリティッシュチェックを合わせたネイルは、
クラシックな洋服に映えるデザイン。存在感のある
赤いチェックは、両手全体に1本くらいのバランスが◎。

The style for ladylike!

スクールガールの定番、アーガイル柄がオシャレ。
ベースのウォームグレーに、相性のよいピンクやグレーで
アーガイルを描くことで、品のある印象に。肌のくすみを
解消するため、シャンパンピンクのラメを1本入れて。

まるでニットのようなチェックは、ウィンターシーズン
ならでは！ただし、あくまで主役はバーガンディ。
"おじチェック"を1本入れてレディクラシックな雰囲気に。
チェックのかすれたヴィンテージ感がおしゃれ。

LADY CLASSIC

fashion × nail design #04

Lady Classic

可愛らしさを秘めた
レディなペディキュア

{ Pedicure }

Black & Brown harmony

ベージュ×黒×カメリアは、世代を問わずにキュンとなる
最強の組み合わせ。黒に抵抗のある方やマダムにも人気です。
甘さとモードの絶妙な色バランスと、アクセサリー級の
存在感があるモノトーンのカメリアは、もはや王道！

鮮やかな赤にひょう柄を合わせるだけでレディクラシック
になるこのデザインは、デニムとの相性も抜群。逆サイドの足は
親指をひょう柄にするなど、バランスを崩して楽しんで。
ひょう柄を描くときには、コロンとした丸を忘れずに！

ツヤ感が美しいディープパープルは、カーブをつけない
直線のフレンチでエレガントな雰囲気を出し、
ピンクのストーンやパールのビジューで女性らしさを。
明るさと高級感を生むゴールドのテープもポイントです。

プラチナを思わせるリボンアクセサリーのパーツを
親指の真ん中にシンプルに置いたバランスがレディ風。
グレープのような可愛いベースカラーに、シルバーの
ラメを組み合わせた、程よい抜け感もオシャレ度が高い。

FASHION #05 NAIL DESIGN

L.A. Casual

L.A.カジュアル

カジュアル感とモード感を
上手にMIXしたL.A.セレブネイル

L.A. カジュアルには、2種類のテイストがあります。
まずは、星やホログラムを多用した"ROCK"。平子理沙さんの
ガーリーなロック調のファッションを思い浮かべていただくと
わかりやすいかもしれません。もう一つは、フリンジやウエスタン
ブーツなどを取り入れた、こなれ感のある"リッチボヘミアン"。
ニコール・リッチーやケイト・モスのファッションがイメージです。
"ROCK"は、黒やネイビーの濃い色や、キラキラと輝くグリッターを
使いつつも女の子っぽさを出したいので、とにかく爪は短く！　が原則。
"リッチボヘミアン"は、クールなファッションを少し外す色使いと
チャーミングなあしらいが、オシャレなイメージを後押ししてくれます。

fashion × nail design #05

L.A. Casual

オシャレな空気感が漂う
カジュアルなL.A.スタイル

シルバーとゴールド、パープルの3種類のグリッターをミックスすると、肌とのなじみがよくなり、大人っぽく見せる効果があります。大人の遊び心を感じさせる黒×白の星の組み合わせが、絶妙なアクセント！

ネオンピンクとデニムウォッシュの組み合わせは色使いが、まさにL.A.！　大ぶりのスクエアスタッズを根元に置いて、リッチな大人テイストをプラスします。白Tシャツやデニムに合わせてカジュアルに楽しんで。

ミルキーピンクをベースに使っても、甘くなりすぎない大人ピンクのネイルがコレ。ピンクのストーンで大きな星をつくり、L.A.のショーライトのように輝くホログラムを濃淡で並べてボーダーに。1本で存在感が出ますよ。

ヴィンテージ感のあるユニオンジャックは、小さなスポンジでポンポンとペイントして、わざとかすれた感じを出すのがポイント。重く見えてしまうネイビーはピンクのラメ×ホログラムを1本入れて明るさを足します。

海外セレブがしているようなモード感とオシャレ感が漂うこのネイルは、ダークな色も可愛らしさのあるフレンチにすることができるという好例。注意点は、爪の形を短く整えコロンと丸い形にして、幅広のフレンチにすること。

大ぶりなスタッズをアクセサリー感覚で引き立たせたいときは、肌なじみのよいピンクベースでクリアな印象をつくります。上品なピンクとゴールドは相性がよくラメやスタッズを盛っても too much になりません。

L.A. has a big city, big ocean and big sky!

ベースにしたネイビーブルーに、ヒッピー調のテイストを思わせる色のホログラムを並べてボーダーに。大小のカラフルなホログラムを使っても、ベースがネイビーなので大人っぽい仕上がり。ツヤ感を忘れずに！

コーラルオレンジと大人っぽいキャメルの組み合わせは、大人の女性に好評です。親指に入れたニコちゃんはお守り的なモチーフとして「見ると元気になれる！」と人気。こうした"遊び"を入れると、真面目な雰囲気を崩せますよ。

L.A. CASUAL

fashion × nail design #05

L.A. Casual

{ Pedicure }

こなれ感のあるコーディネイトで L.A.セレブの気分を楽しんで！

How to rich Bohemian

ネオンピンクはL.A.の象徴とも言える色。単色塗りだと子どもっぽくなるので、大人のネオンピンク使いは、存在感のあるシルバーとの組み合わせがオススメ。大きめの星やシルバーホログラムには、足元を明るくする効果も。

平子理沙さんもお気に入りの明るいグリーングリッターはサンダルから見える爪先に光が当たって、とてもキレイに見えます。爪の根元にストーンをプラスすることでグリーンも上品になるので、派手色に抵抗のある人もぜひ。

明るめのミルキーベージュは、くすんだ肌を明るく見せる便利な色。ターコイズやピンク、グリーンのストーンと、リーフ形のスタッズで模様をつくってリッチボヘミアン風にすると、さらに明るさが増します。

We love Star!

ピンクとオレンジのタイダイ柄は夏らしさ全開でフェスやアウトドアにもぴったり。ピースマークは立体的なクリスタルのストーンでつくることで豪華になり、大人を感じさせるカジュアル感が生まれます。

L.A. CASUAL

design variation -1-

スター・ライトニング・スマイル

インパクトのあるモチーフネイルは、10本に1本だけでも充分な存在感！ 色やストーンの無限の組み合わせで満喫して♪

Star

1　2　3　4　5

スターは、大人にも大人気の定番デザイン！
大小のバランスや色合わせで、幾通りにも
アレンジできる楽しさがあります。
1 ネオンカラーにシルバーラメで大人仕様に。
2 ベージュとゴールドでゴージャス＆リッチ感を。
3 黒×白は、キャメル色とのコーディネイトが◎。
4 ピンクとゴールドスタッズでPOPな可愛さ！
5 コーラルピンクにホログラムの星を散らして。

Lightning

1　2　3　4　5

ロックテイストのファッションが好きな方や
夏フェスに行く方のオーダーが多い稲妻。
薬指、中指、親指に1本プラスがバランスよし！
1 大人可愛いコーラルオレンジ×ゴールド。
2 クールなメタリックブラック×甘いピンク。
3 オシャレ感がグッと上がるボーダー柄。
4 ネオンピンクは抜け感を出すクリアが◎。
5 ピンクホログラムはネイビーと相性抜群。

Smile

1　2　3　4　5

ニコちゃんマークはお守りモチーフとして
親指にする女性が多い、パワーチャージの
モチーフ。疲れているときに癒してくれますよ♪
1 ベージュにゴールドのシンプル系。
2 耳をつけてキュートなウサギにアレンジ。
3 ピンクのハートを目に入れると癒し度倍増。
4 クリスタルのストーンの目は特に人気！
5 おちゃめな雰囲気の星の目も可愛い。

DESIGN VARIATION

design variation -2-

リボン・レオパード・ボーダー

この3種類のデザインは、季節を問わず、人気のモチーフです。他の指には同じ1色をベーシックに塗って上品に！

Ribbon

1　2　3　4　5

大人可愛いネイルの代表格。ペイントやストーン、アクセサリーパーツなど、使う材料によってさまざまなリボンをつくることができます。
1 プラチナみたいなリッチ感が出るリボンパーツ。
2 OLさんの人気が高いなじみ色の組み合わせ。
3 オーダーが多いベージュ×黒は薬指に。
4 レオパードのリボンはベージュのベースも◎。
5 ヴィンテージ感がオシャレ。夏に最適です。

Leopard

1　2　3　4　5

あえて、甘めのカラーコーディネイトでレオパードをガーリーなテイストに！
丸みを帯びたペイントも可愛さの絶対条件。
1 夏のファッションに合うさわやかな寒色系。
2 ひょう柄のフレンチはクリアベースで抜け感を。
3 ピンク系でまとめてスイートな仕上がりに。
4 落ち着いたグレージュベースで大人風。
5 ひょう柄を斜めに入れたプチアレンジも◎。

Border

1　2　3　4　5

色だけでなく、太さのバランスによってもかなり表情が変わるのがボーダーネイル。
テープでマスキングして塗ると簡単ですよ。
1 元気印のビタミンカラーのマルチボーダー。
2 定番のベージュ×白にリッチなビジューを。
3 ゴールドのスタッズでに大人仕様に！
4 同系色にゴールドラインでアクセントを。
5 クリアベースの白フレンチに1本加えても。

藤原RULES ①

ネイルを楽しむことができるのは女性の特権。
ファッションを楽しむようにコーディネイトを！

1 ネイルはカラーセラピー効果や癒し効果があると知る

なによりも大切なのがネイルの色選び。色は心と大きくつながっているので、そのときの気分に合わせた色を使うことはカラーセラピーにも似た効果があると、日々、実感しています。

2 大人のくすんだ肌を明るくキレイに見せる色を選ぶ

大人の女性の色選びのルールとして絶対に外せないのが、肌を明るく見せる色を選ぶこと。肌がくすんで見える色を選んだら、どんなにオシャレなデザインも台無しになってしまいます。

3 ネイルありき、の発想をやめてトータルコーディネイトを考える

「このデザイン、可愛い！」と、ネイルありきで決めてしまうと、洋服と合わずにちぐはぐなコーディネイトに……ということがおこってしまう可能性も。トータルバランスを考えて。

4 色の性質や発色にこだわり微妙な色の差に敏感になる

例えば、「白シャツとデニムをさわやかに女性らしく着こなしたい」ときに、必要なのはどんなピンクのネイルなのか。自分の肌に合う色の濃淡や配色を見きわめることが大事です。

5 カラーやストーンによる"足し算と引き算"を効果的に使う

アクセサリーと同じように、ネイルもファッションの小物のひとつとしてとらえること。色や光の足し算と引き算が上手くできるようになると、オシャレの完成度が一気にアップするはず。

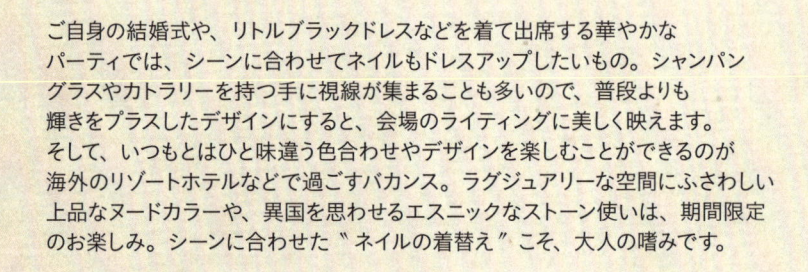

ご自身の結婚式や、リトルブラックドレスなどを着て出席する華やかな
パーティでは、シーンに合わせてネイルもドレスアップしたいもの。シャンパン
グラスやカトラリーを持つ手に視線が集まることも多いので、普段よりも
輝きをプラスしたデザインにすると、会場のライティングに美しく映えます。
そして、いつもとはひと味違う色合わせやデザインを楽しむことができるのが
海外のリゾートホテルなどで過ごすバカンス。ラグジュアリーな空間にふさわしい
上品なヌードカラーや、異国を思わせるエスニックなストーン使いは、期間限定
のお楽しみ。シーンに合わせた〝ネイルの着替え〟こそ、大人の嗜みです。

CHAPTER.2

scene
✕
nail design

〜シーンで選ぶネイルデザイン

SCENE × NAIL DESIGN 1

Party Style

パーティスタイル

さりげないストーン使いで いつもよりも"よそゆき"感を!

結婚式や二次会のパーティなどのおよばれのシーンは、ドレスアップしたり、ヘアメイクも気合を入れるなどスペシャルな装いをする日。当然、ネイルもそれに合わせたトータルコーディネイトが必要です。アレンジのコツは、ストーンをのせてジュエリー感をつくり、華やかなアクセサリー風に仕上げること。ただし、てんこ盛りにストーンをのせることは厳禁。爪だけが目立ってしまうとやりすぎ感が出てしまい、バランスが崩れてしまうので注意して。

scene × nail design 1

Party Style

品の良さと可愛らしさで
お祝いの席に花を添えて

パール感のあるホワイトは、上品さの極み。
ファッションや場所を選ばない万能カラーです。
色が最小限なので、アメジストやクリスタルのストーン
をミックスした大人っぽいリボンをアクセントに。

特別な日を思わせるパール入りのローズピンクに
フラワーモチーフをプラス。大人っぽいローズなので
立体感のある華やかなデザインを片手で2本の指にのせても、
やりすぎ感が出ません。甘めな雰囲気が好きな女性に。

サテンのワンピースにも負けないゴージャスなネイル。
スペシャル感が漂うピンクの輝きは微細なラメによるもの。
パールとクリスタルは一列に並べるのではなく、ティアラ風
にアレンジすることで、パーティ仕様へと大変身！

冬のパーティには、ツイード風のフレンチをぜひ！
ベージュをベースに、ピンクとコーラルピンクを
組み合わせたツイード柄は、肌になじみやすく可愛らしい
印象。パールとゴールドのブリオンも相性抜群。

PARTY STYLE

落ち着いたくすみピンクに合わせた、センターラインの
華やかなストーン使いが、エレガントな雰囲気。
あえて黒のフラワーモチーフを加えることで全体が
引き締まり、大人風味のゴージャス感が生まれます。

パールベージュとココアの組み合わせには、黒と
パールのジュエリーっぽいモチーフをのせることで
コンサバになりすぎず、カジュアルな軽さが出ます。
爪の形もシャープにせず、こなれた雰囲気に。

ワンピースのベルトや、パーティクラッチから
イメージしたスタッズ使いがコレ。上品なキャメルだけで
仕上げても可愛いですが、レオパードやラベンダーを
1本ずつ入れて、女性らしい柔らかさと上品さを楽しんで。

サテンシルクを思わせるパーリーなピンクに、黒の
ドットをあしらいました。ローズピンクにはリボンの
パーツをのせて、アクセサリーのような仕上がりに。
リトルブラックドレスに合わせるとキュートです。

Such a beautiful day today!

PARTY STYLE

scene × nail design 1
Party Style

ゴージャスなビジューで
華やかな場にふさわしい存在感を

Hope you all have a happy, fun weekend!

ゴールドとホワイトゴールドのグリッターをミックスして
黄みを抑えた色をつくり、華やかさがありつつも
落ち着いた雰囲気のフレンチに。アクセントのストーンは
派手にしすぎず、1本だけの控えめなバランスがオススメ。

こっくりとしたダークネイビーに、シルバーラメを
リボンベルトのように入れたデザインは、パーティ慣れ
した雰囲気が漂うデザイン。カラフルなストーン使いで
ジュエリーのように仕上げ、ゴージャス感を！

シャンパンピンクの逆フレンチは、女性らしさを出すための
深めのカーブがポイント。さらに、2連ゴールドの
ネックレスのようなデザインを加え、よりフェミニンに。
ルビーとパールのストーン使いも特別感のある華やかさ！

エレガントな印象にしたいときは、意外にも赤が
効果的。ゴールドのラメをビジューのベースにして
トパーズやライトゴールドなどの色を抑えた
ストーン使いで、大人ゴージャスなネイルの出来上がり。

PARTY STYLE

{ Pedicure }

パーティのときのペディキュアは、遠目からでもわかりやすいデザインがオススメ。親指のストーンは、大きなパール、ピンク、エメラルドグリーンでブローチ風に。ネイビーとゴールドは高貴な印象をつくります。

シャイニーゴールドは、足が明るく見える効果のある便利な色。シンプルなV字のクリスタルのストーン使いで、ファッションテイストを選ばないので、リピートする人も多い定番デザインです。

深みのあるローズピンクに、コロンとしたパールをアクセントにした大人可愛いペディキュア。パールは下側が平面のものではなく、球体のものを使うと立体感のある丸みで、キュートな印象になりますよ。

Why we do it up?

ピンク×シルバー×オーロラをミックスしたグリッターは単色のグリッターよりも、キラキラ感が増すのでパーティに最適。ベースのグリッターにとけ込むようなピンクやクリスタルのストーンで華やかさをプラスして。

·special column·

formal Nail
フォーマルネイル

フォーマルネイルの必須条件は品格と清潔感

礼儀が何よりも重んじられる、改まった席では
爪のデザインを主張することよりも、清潔感を優先して。
デザインはとにかくシンプル、が基本のルール。素の爪は
逆に生活感が出てしまうので、シアーなピンクやベージュが
最適。試験や面接、保護者会などの学校行事、お茶会や
着物を着るお稽古事などの場では、上品さが重要です。

ピンク〜白のグラデーションは、誰からも好かれる
王道のデザイン。フレンチよりも柔らかい印象で
優しい女性に見せる効果のあるグラデーションは
良き妻、良き母に見える百点満点のネイルです。

ヌーディなベージュピンクに、極小のクリスタル
ストーンを1粒ずつ置いたシンプルなデザイン。
手を動かすとキラキラと繊細に輝くので、仕草が
とても美しく見えて好印象が残りやすいですよ。

ミルキーベージュ×ベージュのフレンチは、単色塗り
よりもお手入れしている感じが出るので、意識の高い
外資系の会社の面接などにオススメ。きちんと感と
程よいオシャレ感が大人の余裕を感じさせます。

ピンク×ミルキーピンクのフレンチは、スイートな
テイストが好きな女性からのオーダーが多いデザイン。
ラインを入れる場合は、華奢で細いゴールドがマスト。
可憐なリボンのビジューをアクセントにして。

SCENE
×
NAIL DESIGN
2

Vacance

バカンス

デイリーなネイルとはひと味違う
バカンスネイルのルールとは？

ラグジュアリーな"おこもり系"リゾートへの旅には、ヌーディなカラーが
オススメ。ヨガや、スパなどでゆったりとした時間を過ごすことの多い
リゾートでは、ヌーディなネイルが肌に優しくとけ込み、気持ちの
リラックス感につながるのです。ただし、シンプルなヌーディではなく
ストーン使いやデザイン、柄などにその国のテイストを盛り込んで、
ひと味違う、大人ならではのバカンスネイルを楽しんでください。
一方、マリンスポーツなど太陽を浴びて楽しむビーチでのバカンスには、
強い日射しや、白い砂浜に映えるカラフルなデザインのネイルを！
シンプルなTシャツや水着には、トロピカルなテイストも似合います。
訪れる国やシチュエーション、ファッションに合わせ、ネイルも
コーディネイトすると、旅の間も心地よく過ごせると思います。

scene × nail design 2

Vacance *Resort*

旅の上級者は異国情緒を感じさせるバカンスネイルを！

Rise and shine!

コーラルオレンジのベースはグラデーションに塗り、柔らかい雰囲気の淡いグリーンのストーン使いで大人風味の甘さを演出。スクエアのスタッズは、斜めに置くことで菱形に見え、一気にオリエンタルテイストに。

パール感がきいたベージュピンクは、上品なニュアンスを生み出す大人色。ターコイズやオパール、オレンジ、ゴールドを宝石がちりばめられたようにたくさん飾れば大人のラグジュアリーリゾートネイルが完成です。

Live it up love laugh.

シンプル系が好きな方でも、ちょっとしたアレンジでエスニック感を楽しむことができます。柔らかなベージュに、シルバーとゴールドのラメを帯状にのせ、淡い色のストーンを置くだけのさりげなさが素敵です。

リッチ感のある大理石のようなベージュマーブルの逆フレンチ。スモーキーなブルーやグリーン、オーロラのストーンをのせることで、マキシワンピや水着に似合うさわやかさが！　優しい色使いが女性らしい。

VACANCE

ミッソーニをイメージしたピーコック柄は、落ち着いた
色合わせが絶妙なこなれ感を演出。大人っぽい黒ビキニと
合わせると最高にオシャレ。シンプルなファッションの
女性こそ、爪にデザインを取り入れてリゾートを楽しんで！

Breathing is the most important.

旅先の気分を上げてくれるエスニックモチーフ。スモーキー
なグリーンのストーンや繊細なシルバーラインが、コーラル
をエスニック風にチェンジ。可愛らしさの秘訣はラインを
シルバーにすること。ゴールドではくどくなってしまいます。

カラフルなビーズやポンポン、スパンコールが可愛い
モロッコのファッション小物からインスパイアされた
デザインです。パステルのホログラムとゴールドの
ラインでポンポンを表現。白のコットンマキシにぜひ！

Doing absolutely nothing.

ポイントとして1色使いの中に入れると映えるデザイン3種。
左／金と銀のホログラムをランダムに散らし、ポップ＆
ラグジュアリーに。中／白とベージュがさわやかなウォーター
マーブルは、1本で存在感のあるデザイン。右／白フレンチの
下にストーンを飾るとアクセサリーのように見える効果が。

VACANCE

Vacance *Resort*

scene × nail design 2

ヌーディな手元に合わせる
ペディキュアは派手系が大人のルール

日焼けした肌でもくすまないベビーピンクとシルバー
ラメのコンビに、ブルー系でまとめたストーンをオン。
ストーンやラインの上品なバランスをシミュレーション
してから爪にのせていくと失敗しません。

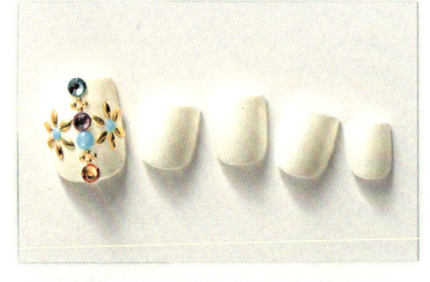

Rich Bohemian

夏の真っ白いネイルは、日焼け好きな女性に人気。
ターコイズやリーフ形スタッズでエスニック風に
仕上げました。白だからこそ、イエローゴールドと
ヴィヴィッドな色が映えて、さわやかな印象に！

Set me free my mind.
feel the sun and breeze.

オパールとゴールドのアイテムをたくさん用いた
ゴージャスなモチーフ。インパクトがありながらも
落ち着いた大人っぽさがあるのは、使用色をベージュ、
オパール、ゴールドの3色に絞ったから。

キレイな発色のオレンジに、ゴールドのリーフ形
スタッズでつくったエスニックモチーフが映えるデザイン。
モチーフの上下に入れたゴールドのラインテープと
中指のブロンズが、オレンジを大人っぽくチェンジ！

{ Pedicure }

Ethnic like

ピンクとラベンダー、コーラルピンクのタイダイ柄は
ふんわりとした印象。アラブ風をイメージした
ドロップ形のストーンアレンジは、女性らしい優しさが
出ます。ゴールドを1本入れて華やかさもプラス。

とにかく夏はすごい人気！ パール感のある青み系の
ルビーピンクは、スモーキーなミントグリーンと
ホワイトオパールで柔らかさを足してバランスを調整。
オーバル形に置いたストーンも女性らしい雰囲気に。

Luxury is creating

日本人に似合うコーラルオレンジは、相性抜群の
ターコイズを使ってアレンジ。ミントグリーンや
シルバーを合わせることで、さまざまな種類の
ストーンをずらっと並べても可愛い印象に。

可愛いミントグリーンの逆フレンチに、変形のアーチを
加えてモロッコ調に仕上げました。丸みのあるゴールドの
スタッズで縁どることで、ラグジュアリーなリゾート感が
生まれます。ストーンの量は最小限ですが、効果は最大限！

VACANCE

scene × nail design 2

Vacance *Beach*

ビーチリゾートでも
大人の上品さは忘れずに！

ピンクと白のマーブルに、2本だけヌーディピンクを
入れた大人バランス。V字の逆フレンチの上に繊細な
ストーンをのせ、先端から垂れ下がるようなあしらいで
女性らしさをプラス。ショートパンツに合わせても素敵。

Ready? or Not?

ネオンピンクのフレンチは、カーブをつけずまっすぐに
して、境目に太めのゴールドテープをはさむことで
大人っぽい雰囲気に。ピーコック柄とストーンの色を
合わせれば、ギャルっぽくなる心配もありません。

Don't forget to bring sun screen!

バカンスだからといって鮮やかな色を使いたくない女性には、
落ち着いたラベンダーがオススメ。パールホワイトの
センターラインの上に、シルバーやクリスタルのクールな
光を重ねることで、優しく上品な印象にすることができます。

ビーチ仕様のダブルフレンチは、コーラルオレンジと
オーロラの合わせ技。オーロラのホログラムとラメが
珊瑚や貝殻のようにキラキラと輝いて、夏の海に映える
デザインです。薬指にだけストーンを重ねて華やかに。

VACANCE

Always meet the aloha spirit.

さわやかなミントグリーンには、フープピアスに使われる
ようなパステルストーンをグラデーションで並べて
可愛さアップ。甘さ調整のためのシルバーグリッターを
入れることで全体が締まり、センスの良い仕上がりに。

夏の代表色でもあるターコイズで、元気印のフレンチ。
抜け感のあるクリアベースだから、パッキリとした
ターコイズでも大人っぽい雰囲気。リーフ形のスタッズで
華奢なニュアンスも取り入れ、バランスをとって。

Coral pink

夕陽に染まった空のようなピンク〜コーラルの
グラデーションは、サーファー風の色合わせがキレイ。
ゆるやかなカーブの逆フレンチに、ホログラムを
リズムよく並べて、サーフガールを気取りたい。

派手ネイルをポイントで楽しむならコレ。左／イエロー
マーブルの逆フレンチ。可愛く目立つこと間違いなし！
中／茶色のビキニに合わせたい白フレンチの大人アレンジ。
右／サーファーテイストの３色のグラデーション。他の
指を白やベージュのシンプルネイルにするバランスが◎。

VACANCE

scene × nail design 2

Vacance *Beach*

白い砂浜に小麦色の肌が映える
トロピカルなペディキュア

白のショートパンツに似合うグリーンのグラデーション。
大人気のイニシャルは、"夏休みスペシャル"として
トライする方も多いデザイン。アクセサリーっぽさを出す
ためのイニシャルはゴールドのスタッズがオススメ。

Let's go to the beach with bikini ♡

白を基調にしたペイズリー。ピンクやラベンダーのパステル
トーンに、ミントグリーンの石を合わせて夏仕様に。
ペイズリーは大柄にすると大人っぽく見える効果があり、
さらに白と組み合わせることで涼やかなムードに。

Beach

日焼けした肌に可愛く映えるので、ハワイやグアムなどの
ビーチリゾートへ行く女性に人気。ベビーピンクにカラフルな
ストーンを並べて、繊細なアクセサリーのように仕上げるの
がコツ。ストーンの間はゴールドのブリオンでつないで。

ネオンカラーはビーチサンダルに映える色ですが、特に
ネオンピンクはダントツの可愛さ！ラグジュアリー感の
ある大ぶりなストーンをスッキリとV字につくり、大人の
ニュアンスを出すと、ネオンピンクにもトライしやすいはず。

VACANCE

{ Pedicure }

Passion color

イエロー、ピンク、パープルのヴィヴィッド感が楽しいマルチカラーは、白をベースにした大柄のマーブル模様で抜け感と遊び心を演出しました。同じような柄の華やかな水着に合わせるのもバカンスネイルの醍醐味。

落ち着いたピンクにゴールドスタッズをアクセントに置いたデザインは、ピンクを甘さ控えめに見せる組み合わせ。白い無地の水着やサファリ系のカーキ、ココアブラウンのビキニに合わせて、大人のコーディネイトを。

Looks good with sun and makes me smile!

太陽の光に負けないくらいのヴィヴィッドなオレンジとゴールドのホログラム。がっつりとストーンをのせてしまうと品がなくなってしまうので、あくまで華奢なストーン使いが大人のバカンスネイルのルールです。

ゴールドのバックルがついた茶色のサンダルやビジューのついたゴールドのサンダルとの相性が抜群！オレンジとピンクのタイダイ柄は1本だけにして、色を楽しむバランスにすると、カジュアルになりすぎません。

VACANCE

SCENE
×
NAIL DESIGN
3

Wedding

ウエディング

人生最良の特別な日は
好印象なシンプルネイルが一番

結婚式は、人生においてもスペシャルな日ですから
ネイルにもいろいろのせたい衝動にかられるかもしれませんが、
主役はあくまで花嫁。爪ばかりが変に目立ってしまうことだけは
避けたいので、too much にならないバランスでやめる勇気が必要です。
指輪の交換や手元が写る写真、キャンドルサービスなど
多くの招待客や親戚の方々の目に触れることが多いので
華やかさの加減に注意して、気品と清潔感を大事にしましょう。

scene × nail design 3

Wedding ~Simple

白とグリーンのブーケの似合う
シンプルなドレスの花嫁に

光沢のある純白のドレスのように美しい、白の
グラデーションのネイル。身にまとう物、すべてを
白にまとめたい花嫁の指先を柔らかい雰囲気に演出
してくれます。ストーンは最小限が好印象ですよ。

清潔感のあるヌーディなベージュに、流れるような
シルバーのストーン使いは花嫁ならではのデザイン。
シンプルなスタイルが好きな方のウエディング
ドレス姿が、さらに洗練された印象になります。

I wish your love grow forever!

淡いミルキートーンのベージュネイルの根元から
こぼれるようにストーンをのせたデザインは
指や爪が長く見える"タテ長効果"がありますよ！
手元を華奢な印象に見せたい女性はぜひ。

幸せを呼ぶ"サムシングブルー"を取り入れたいという
女性には、こちらのネイルもオススメ。極小のブルー
のストーンにパールなどを合わせることで、上品な
仕上がりに。シンプルながらも特別な華やかさが魅力です。

WEDDING

Wedding ~Elegant

scene × nail design 3

"大人婚"の花嫁には気品と華やかさのあるエレガントネイルを

高級感のある光沢が美しいパールホワイトを逆フレンチに。フレンチの切り返し部分にシルバーのラメをのせ、クリスタルやパールのストーンをプラス。遠目からはキラキラ輝き、近くで見ても上品な印象に。

ピュアな上品ピンクの先端になじむように、シルバーの繊細なラメを重ねたフレンチ。アシンメトリーにした斜めのラインや、繊細なシルバーブリオンがエレガントさをさりげなく際立たせる計算です。

サムシングブルーを意識したパールブルー&ホワイトのさわやかなフレンチ。ウエディング仕様にするためにシルバーラメを程よい太さで入れるのがポイント。1本だけストーンを加えると両手全体の美しさが際立ちます。

May your days be good and long upon the earth.

パール感のあるシャンパンゴールドにのせたV字のビジューがエレガント。パールやブリオン、クリスタルと、ビジューの色みも抑えることで、大人婚にふさわしい特別仕様のバランスが生まれます。

WEDDING

scene × nail design 3

Wedding ~Gorgeous

きらびやかな華奢ストーンで
大人ならではのゴージャス感を

ミルキーホワイトとパールホワイトの2種類の白を使ったフレンチは、シルクタフタを思わせるパールホワイトの光沢がリッチなニュアンスを生み出します。先端にちりばめたストーンの輝きで所作が華やかに見える効果も。

甘さとゴージャスな雰囲気が両立した、ミルキーピンクの逆フレンチ。華奢なパールをフレンチラインに並べ、ヘッドアクセのようなティアラ風のビジューをつくるとスイートゴージャスなウエディングネイルができあがり。

I'm happy when you're happy ♡

両手10本すべてにのせるストーン使いは、ウエディングだからこそ許されるスペシャルなデザイン。ベースにする色を上質なパール感のあるベージュ系にすればたくさんのクリスタルも品がなくなることはありません。

華やかなパールピンクを使うなら、抜け感のあるバランスを保ちながらも、ピンクを上品に楽しめる逆フレンチがベスト。シルバーラメを境目に置き、オーロラやクリスタルのストーンでゴージャスに。

WEDDING

scene × nail design 3

Wedding ~Sweet

プリンセスみたいな
ふわふわ系ドレスの花嫁に

ミルキーピンクに華奢なパールとシルバーブリオンを散らしたこのデザインは、可愛らしさの中に高級感が漂うアレンジ。パールだけだと甘すぎてしまうのでシルバーブリオンの光を使って大人っぽく仕上げて。

可憐なレースシール、ピンクローズのフラワーペイント、透け感のあるベージュピンクの組み合わせで大人ガーリーな世界観に。アンティークのレース使いが美しいヴィンテージドレスに合わせると素敵です！

So excited to tell you we are getting married!

ローズのペイントで可愛らしさを表現したデザインは、根元のパールとストーンがローズの甘さと好バランス。根元はプチサイズのストーンをぎっしりと4ライン並べると、ウエディングのスペシャル感が生まれます。

サムシングブルーを上品なリボン仕立てにした清潔感のあるスタイル。淡い色のストーンは発色が柔らかいので、さわやかで可愛らしい仕上がりに。パールホワイトの光沢も特別な日ならでは！

WEDDING

scene × nail design 3
Wedding ~ *Japanese*

白無垢などの和装の結婚式には繊細なラメの輝きを添えて

ローズピンクをグラデーションにしたベースに、繊細なシルバーラインの上にのせたストーン使いが特徴的。流線形のデザインが和の雰囲気を漂わせて大人の結婚式にふさわしい華を添えてくれます。

白無垢にも、お色直しのサテンドレスにも似合うシャンパンブロンズの逆フレンチ。きらめきが美しいラメをフレンチラインにグラデーションに塗り、指先に光を集めることでラグジュアリーな雰囲気になります。

シアーなピンクに、オーロラのふんわりとした繊細な輝きをプラスした可愛らしいデザイン。うぶで清楚なピュア感が、花嫁の魅力をさらに引き立ててくれます。ミルキーオパールの甘やかなビジュ使いも可憐。

Time to do some good in this world!!

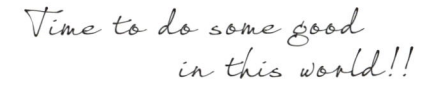

ピンク〜白のふんわりグラデーションは、どんな着物にも合わせやすく、ドレスも選ばない万能さが魅力。ピンクのストーンを薬指だけに置いた控えめさも目上の方に愛される好印象なバランスです。

WEDDING

design variation
- 3 -

ハート・フラワー・マーブル

ファッションとのバランスを考えてアクセ感覚で取り入れたいモチーフネイル。大人ならではの遊び心を楽しんで!

Heart

1　2　3　4　5

ハッピーモチーフのハートは、彼との記念日やバレンタインなどの特別なイベントに♪
シンプルにまとめるのが大人ネイルのルール。
1 華奢なクリスタルのストーンで可憐な表情。
2 リッチな印象のゴールドスタッズ。
3 ハートシールの上にホログラムをオン!
4 ラメの上にストーンをのせればエレガントに。
5 プラチナを思わせる大人リッチなハート使い。

Flower

1　2　3　4　5

「一度やるとハマる!」女性が多い花柄はシーズンを通して人気です。デニム&Tシャツのシンプルなコーディネイトがオシャレ。
1 大ぶりのピンクローズが華やか。
2 カラフルでキュートな小花模様。
3 さわやかなミントグリーンをベースに。
4 ピンクベースで可愛らしさが倍増!
5 こなれ感のあるネイビーベースが大人風。

Marble

1　2　3　4　5

流線模様が涼しげなマーブルは、リッチな表情をつくるゴージャス感が魅力です。抜け感を出すスキントーンがオススメ。
1 可愛らしい雰囲気のピンク×ベージュ。
2 パステルトーンでフェミニンに。
3 上品さが際立つベージュ系のマーブル。
4 極めて無地に近いニュアンスもオシャレ。
5 ビジューを加えれば大人エレガント!

藤原RULES ②

ネイルデザインを決めるとき、もっと簡単に、
よりステキに見せるコツをお伝えします。

RULES OF
FIJIWARA

6 常に指先は美しく!
ネイルは大人の嗜みである

歯を磨いたり、かかとの角質をケアしたりすることと、ネイルをすることは同じことだと考えています。無防備な素の爪は、想像以上に生活感が丸出しになってしまうので避けたいもの。

7 手元の仕草は意外にも
人の記憶に残ると知る

指先を美しく整えていると、自然と美しい所作や仕草が生まれる効果があると思います。人の視線は無意識に手元に行くことが多いので、ネイルの印象は人の記憶に残りやすいのです。

8 too muchにならない、
ちょうどよい〝やめどころ〟を知る

ネイルのデザインはどんどんエスカレートして、あれもこれもと盛ってしまいがちですが、客観的な視点で大人のバランスを見極める必要があります。ちょっと物足りないくらいが〝やめどころ〟。

9 TPOにきちんと合った
色、形、長さ、デザインを考える

カラーの印象だけでなく、爪の形や長さによっても印象が大きく変わります。そのシーンではどんなネイルが一番ふさわしいのか……、ベストなデザインをチョイスできてこそ大人です。

10 どんなに流行っていても
デザインに〝品〟を忘れない

トレンドのネイルデザインをしていても、それが自分に似合わなければまったく意味がありません。大人の女性として品を大切に、自分だけの魅力を引き上げてくれるデザインを研究して!

Maki Fujiwara
藤原真紀 × 平子理沙
Risa Hirako

special talk

"大のネイル好き"と知られる平子理沙さん。「6年前に出会って以来、一度も浮気してません！」と言うほど、藤原さんの抜群のセンスと優しい人柄に惚れ込んでいるそう。雑誌の表紙を飾る平子さんのネイルは、もちろんいつも藤原ネイル！ガールズトークでいつも盛り上がる、というふたりのネイル観とは？

Risa Hirako×Maki Fujiwara special talk

運命の出会いから早6年。
ふたりのセンスがネイル界を席巻!

平子 「うふふ。いつもお世話になってます〜(笑)。藤原さんとの出会いは、もう6年くらい前になるのかな⁉」

藤原 「理沙さんから初めて予約の電話をいただいた日は、今でも忘れられなくて。実は、私の誕生日の夜だったんですよ。『ひぇ〜〜〜!あの平子さんから携帯に……⁉』ってびっくりしちゃって(笑)」

平子 「えっ! 誕生日だったんですね!」

藤原 「家族のみんなが『どんなプレゼントよりも嬉しいね!』って、一緒にすごく喜んでくれて。とても特別な夜になりました」

平子 「確か急なお願いで、電話の次の日の朝にサロンに行ったんですよね。もともとは、私がネイルサロンを探していた時に知人が教えてくれて。『すごいい方でデザインもすごくステキだから、理沙さんと合うと思うよ』と紹介されたのがきっかけ。あの朝から6年間、今でも3週間弱に一度のペースで通ってます(笑)」

藤原 「6年前はまだジェルネイルよりはネイルポリッシュの時代で、初めは、かなり太めの白いフレンチをしたのを覚えています」

Risa's Favorite Nails

「何度もリピートしてる!」という平子理沙さんのお気に入りのデザインがこちら。モチーフやグリッターやネオンなど、品のある大人カジュアルが魅力!

FRENCH　NEON　SHINY　STAR

LIGHTNING　STAR　STUDS

平子 「あ、そうそう！ あの頃、アメリカで流行っていた太めの白フレンチをやってくれるサロンが東京になかったんだけど、藤原さんは、短くてコロンとした、まさに私好みの太フレンチにしてくれたの！」

藤原 「太フレンチは、どこのサロンもまだ取り入れていなかったタイミングでしたよね」

平子 「藤原さんも『海外にいたときに、太フレンチの可愛さに気がつきました！』と言ってくれて。ふたりで『可愛いよね〜！』って、盛り上がって、一気に意気投合（笑）」

藤原 「短めの爪に白いフレンチを太く入れると、まあるくて子どもみたいな印象になって、なんともいえない可愛さがあるんですよね」

平子 「私、もともと短い爪が大好きで。藤原さんとは、根本的に好きなテイストがかなり合っていて、私がやりたいことをわかってくれているのが嬉しい」

藤原 「好きなものがほとんど同じだから（笑）」

平子 「とにかく品があって、やりすぎない。ちょうどいいバランスが藤原さんのネイルの魅力。POPなデザインから大人っぽいものまでバリエーションもいっぱいあるし！」

藤原 「デザインをやりすぎないことは、とても大切だと思っていて。ネイルは、やっぱり可愛い存在でありたいんです」

平子 「藤原さんのセンスは上品で清潔感があるから、私が『アニメのキャラクターがしていた水色にしたい！』とお願いしても、きちんと品のある大人の水色ネイルになる（笑）」

藤原 「そうそう、あのときもオシャレ系になってましたね！ ちょうどシャネルのシーズンカラーが水色だったこともあって」

平子 「たまたま、私も水色のトレンドにのれたっていう（笑）」

藤原 「理沙さんのアンテナがピピッと反応していたんですね（笑）。以前、女性誌の『VOCE』や『GLAMOROUS』の別冊付録で理沙さんのネイル企画を担当させていただいたんですけど、いまだにその付録を持ってサロンに来てくださる方がいるんですよ。理沙さんのセンスは、女の子の注目度もすごく高いな〜って思います」

平子 「え、それは嬉しいな」

藤原 「そのネイルのデザインはもう数年前のものなんですが、今も支持してくれる方がいるのは、"普遍的なデザインを提案したい"っていう私の思いが伝わっているからなのかな、と。私は、ベーシック

Risa Hirako × Maki Fujiwara special talk

VOCE 2011年11月号

　　　　でシンプルなデザインの中にある〝永遠っぽさ〟、みたいなところ
　　　　をいつもおさえていたいと思っているんです」
　平子　「そうですね。私もネイルに関しての好みは、爪の長さや色使いの
　　　　バランスとか、基本的にはずっと変わってないかな。私が12〜13
　　　　歳くらいの時に、母親がネイルの仕事を始めて、その影響で、ネイ
　　　　ルはいろいろやってきたけれど、やっぱりシンプルなものが好きで
　　　　すね。藤原さんのデザインは、前のものでも参考にしたいと思える
　　　　し、以前やったことのあるデザインでも、またやりたいなってリピ
　　　　ートしたり。何年経っても新鮮なんです」
　藤原　「理沙さんは、好きなデザインは、何度もリピートして楽しんでい
　　　　ますよね。フレンチにキラキラのグリッターに……」
　平子　「そう！　フレンチは一年中！　ホログラムとラメでつくったユニ
　　　　オンジャックも、ROCKなテイストなんだけど品があってすごくか
　　　　っこいい。周りのみんなにも評判で、ずいぶんリピートしてます。
　　　　あと、グリッターもずっと続けているデザイン」

SPECIAL TALK

藤原「グリッターって、実は大人のこなれ感が出せて便利ですよね」

平子「肌が明るく見える効果もあるからグリッターは大好き。左手の薬指に1本だけ入れるバランスが好きですね。あと、手にはなかなかできないグリーンやブルーのグリッターも、ペディキュアにすると足がキレイに見えるから、大人の女性にもオススメ。一年を通してのオーダー率はかなり高いかも。エリールにはラメの種類がたくさんあるし、3～4種類のラメをミックスしたりもしてくれるから、キラキラのグリッターなのに大人っぽいニュアンスが出るんです」

藤原「はい、グリッターの色合いにはすごくこだわっているんです。ほんの少しのブレンド具合でリッチな雰囲気が出るので、ギャルっぽくならないんです。その違いに気がつく理沙さん、さすが！ ニコちゃんやスターなどのPOPなモチーフネイルも、今のようなブームになる前から理沙さんがいち早く取り入れていましたよね。スタッズを組み合わせたりすることでグッと大人っぽくもなるので、理沙さんの人気とともにサロンでも大ブームになっています」

平子「モチーフネイルはアクセントになるし、可愛いし。大好きです」

藤原「それに、理沙さんはいろいろな色にもトライしていますよね。ネオンカラーとかも理沙さんっぽいなって思います」

平子「ネオンピンクは特に好き！ 私が好きなストリート系のファッションとも相性がいいし。エリールは、ジェルのサンプル色だけじゃなくて、肌に合わせて自由自在に色をブレンドしてくれるから、どんな色でもこなせるのが嬉しい。以前、私が履いていたミッソーニのサンダルの色を忠実に再現してくれたこともあったし！」

藤原「エリールでは、毎回その都度、その方の肌に合わせて色をつくることにこだわっているんです。それにしても、理沙さんは本当にネイルが好きですよね！ そして代謝がいいから……ということもあるとは思うけれど(笑)、どんなに忙しくても3週間弱に一回のペースを崩さないですし、大切なコマーシャル撮影や雑誌の表紙撮影の前は、必ず時間を割いてサロンに来てくれるのもありがたいです」

平子「手も足も、基本的に短くてコロンとした丸い爪が好きだから、いつもギリギリまで短くしてもらってるんだけど、代謝がいいからかな？ すぐに伸びちゃう(笑)。爪はきちんとメンテナンスしていると、自然と意識が高まって、手の動きまで女性らしくなると思うんです。だから爪はいつでも、仕事のない時でも、一年中キレイにし

Risa Hirako×Maki Fujiwara special talk

平子理沙×藤原真紀の
センスは女性誌も大注目！

GLAMOROUS 2010年3月号別冊付録

SPECIAL TALK

藤原 「ペディキュアも夏だけじゃなくて、冬もずっとしてますよね」
平子 「冬はタイツをはいてるから人には見えないけれど、家では裸足になったりするでしょ? だから自分のためにしているっていうか。ネイルを塗っていないと裸みたいな気分で不安になっちゃうんです」
藤原 「爪って小さいけれど、心への影響力がとても大きいですよね」
平子 「そう。顔は鏡を見ないと自分では見えないけれど、爪は自分の視界にいつも入るものだから。お気に入りのネイルをしていると、見るたびにワクワクしたり、可愛いなって気分が上がったりする。女の子が女の子っぽくなる魔法、って言えるんじゃないかな。……なので、今日は次の予約を入れていこうかな(笑)」
藤原 「はい、ぜひ。次回いらっしゃるのをお待ちしていますね!」

profile
平子理沙
幅広い世代の女性から支持され、数々の女性誌の表紙を飾り続けるビューティアイコン。美の秘訣を記したビューティブック『Little Secret』ほか、フォトエッセイ『Girls Girls Girls』、写真集『Étoile』も大ヒット。テレビCMの出演やCDのリリースなど、多岐にわたる分野でその才能を発揮。

nail basic

ネイルの基本

**ネイルを楽しむ近道は
ベーシックなケアとテクニックにあり!**

ネイルサロン、エリールでは、爪のトラブルや悩みを持つ女性のために
ハンドケアやフットケアのメニューにもこだわりを持ち、
健康な爪を育てるサポートをしています。
オシャレなデザインばかりにこだわるのではなく、
ベーシックなケアこそが、素敵な手元をつくる近道です。
また、基本的なデザインのテクニックもご紹介します。ポイントさえ
つかめば簡単にできますので、ぜひトライしてみてくださいね。

Hand Care

健康な爪と美しい手に育てることも女子の嗜み。エリールの「ブライダルコース」のスペシャルケアの方法をご紹介します。

■ハンドケア

1. Wash

まずは手洗いから！
汚れを落として清潔に

ポリッシュを塗る前に必ず手を洗い、清潔にすることを習慣にしましょう。ニールズヤードのシトラスハンドウォッシュは柑橘系の精油入り。汚れを落としながらうるおいを補います。

→

2. Hand Bath

アロマオイル入りの
ハンドバスで血行を促進

ニールズヤードのエッセンシャルオイルを人肌程度のぬるま湯に入れ、手をつけて。このとき香りたつアロマの蒸気を吸ってリラックス。手の肌も柔らかくなり、血行促進の効果も。

→

3. Scrub

スクラブを使って
なめらか肌に整える

SABONのボディスクラブで、硬くなった角質や関節の黒ずんだ部分を気持ちよいと感じるくらいの力で軽くマッサージ。驚くほどあか抜けた明るい肌に。強くこするのは厳禁ですよ！

→

4. Massage

マッサージオイルで
ゆっくり指圧

ニールズヤードのマッサージオイルを手のひらで温め、手の甲や指全体に塗る。指のつけ根や爪周りを指圧をするようにプッシュ。最後は蒸しタオルで包み込むと、ふっくらとした手に！

→

5. Hand Cream

ハンドクリームで
スペシャルケアの総仕上げ

or　or

最後はハンドクリームで保護膜をつくります。左／サンタ・マリア・ノヴェッラのアーモンドペーストは、冬の乾燥した時期のナイトケアにオススメ。中／ラグジュアリーな香りのジョーマローンのハンドトリートメントは肌なじみがよく、ベタつかないテクスチャー。すぐにレザー小物を持ってもオイル分がつかないのも便利。デイリーケアに使いたい。右／イソップはオーガニックならではのハーブの香りに癒される一品。さらっとしているのに保湿力があるのでベタつきがキライな人に◎。

― nail basic ―

NAIL BASIC
70

Foot Care

足のケアを怠ると一気に清潔感が失われてしまいますから、ペディキュアはフットケアなしには塗ってはいけません。角質オフ＋保湿のケアが基本です！

■フットケア

2. Massage

1. Foot Buffer

かかとの角質を優しく削ってオフ

足浴や入浴の際、水分を軽く拭いてからバッファーの細かい面でかかとの角質をこすります。濡れたままだと削りすぎてしまうので、必ず軽く拭いてから。1週間に一度くらいで充分。

ローション＋オイルでマッサージ

オイルでマッサージをすると歩くときにベタベタするので、ミルクタイプのローションとオイルを混ぜるテクがオススメ。サラッと軽いジョンソンのベビーローションが使いやすい。

＋

or

マッサージオイルは目的別にチョイス

足の裏、くるぶしを押し、ふくらはぎの筋に沿ってマッサージをして、むくみや冷えを解消。"ミルク＋オイル"のなめらかなテクスチャーにすることで肌への浸透力もアップ。マッサージオイルはヴェレダがお気に入り。ラベンダーはリラクゼーション、ざくろにはうるおいとハリを与えるエイジングケア効果が。

3. Foot Cream

フットクリームでかかとをしっかり保湿

角質のケア後はフットクリームでの保湿ケアがマスト。SABONのフットクリームはミントの殺菌作用もあり、足のトラブル予防にも◎。サラッとしているので夏のサンダルにもOKです。

— nail basic —

Q & A

セルフネイルを楽しんだり、サロンでジェルネイルを楽しんだりする中で気になる、あんなこと、こんなこと。藤原流の解決策を伝授します！

■ネイルについての悩み

Q 逆手で上手に塗るコツはありますか?

A <u>手や腕を固定させて手ブレを回避させましょう</u>

手を宙に浮かせて塗ると、どうしても手が震えてキレイに塗ることが難しいので、必ず指と手をテーブルなどに固定すること。手の震えを防止できるので、これだけでもかなり塗りやすくなると思います。腕やヒジも固定すると、さらに安定感が増しますよ。

Q ネイルカラーがすぐにはげてしまいます。

A <u>ネイルポリッシュを塗る前には必ず水分と油分をオフ！</u>

水分と油分はネイルの大敵！ ポリッシュを塗る前に水分と油分をキレイに落としてから塗ると、ネイルの持ちがかなりよくなると思います。手をしっかり洗って油分をオフし、清潔なタオルやハンドペーパーで水分を拭き取ってから、塗り始めましょう。

Q ネイルカラーがムラになってしまい、キレイに塗れないんです……。

A <u>素早くポリッシュを塗ることでムラなくツヤのある仕上がりに！</u>

ネイルポリッシュを塗るときに大事なのは、テンポよくスピーディに塗ること。ゆっくり塗っているとポリッシュが固まってしまい、ムラになりやすいのです。途中でポリッシュをつけ足したりしている間にも固まってしまうので、絶対NG。まずは"爪全体を塗れる量をハケに取る"練習をしてみるといいですよ。万が一ムラになってしまったら、続行せずに一度オフして初めからやり直すこと。失敗をカバーしようとしてもさらに悪化するだけです。

Q ネイルポリッシュがボトルの中で ドロドロになってしまいます。

A 空気に触れると固まってしまうので ボトルの口の部分を拭きましょう

ポリッシュを使い終わったら、ボトルの口の部分を毎回拭く習慣をつけましょう。ボトルの口にポリッシュがついたまま固まると、ボトルの蓋がきちんと締まっていない状態になるので空気に触れてしまい、ポリッシュがドロドロになってしまいます。直射日光が当たらず、涼しいところで保管することも心がけましょう。

Q ジェルが浮いてしまったときは どうすればいいですか?

A 浮いてしまったジェルは 絶対に自分ではがさないこと!

浮いてしまったジェルを長期間放置していると爪との間に水が入ってしまい、カビが発生することもあるので、はがれかかったらすぐにサロンでつけ替えをしましょう。瞬間接着剤を使って自己処理をしてしまう人がいますが、爪を傷めてしまうので絶対にしないでください。ちなみに、浮いたジェルを自分ではがしてしまうこともやめましょう。ジェルをはがすときに爪の表面が一緒にはがれてしまい、爪が薄くなってしまうのです。要注意ですよ!

Q 不器用なので、 塗りやすい色を知りたいです。

A ラメやパール入りのほか 淡くてシアーな色が簡単です

初心者の方には、色ムラが目立ちにくいラメ入りのポリッシュや、少しパールの入ったものがオススメです。淡くて透明感のある色も気軽に塗りやすいですよ。一方、初心者には難しいタイプは、真っ白や乳白色のもの、マットな質感のもの、パールがたくさん入ったポリッシュ。顔料がたくさん入っているので硬めの質感になっていて、塗ったときにハケの筋がつきやすいのです。

— nail basic —

Q & A

Q 爪が黄ばんでしまい、悩んでいます……。

A ベースコートを必ず使うと黄ばみを防止できますよ

爪が黄ばんでしまうのは色素沈着が原因。ポリッシュを素の爪に直接塗り続けると、色素が爪に沈着してしまうのです。なので、ポリッシュを塗るときには必ずベースコートを使うこと。これは、マスト！ また、濃い色を避けるのも解決方法のひとつです。

Q 乾く前に傷をつけてしまったときの対処法はありますか？

A 表面をリムーバーでトントンとならせばOKです！

乾く前に塗り立てのネイルに傷をつけてしまうことってありますよね。そんなときのための秘策があります！ リムーバーを指に少量取り、キズの部分をトントンとならすとポリッシュの表面が少しだけ溶けて、キズが目立たなくなるんです。乾いたら、最後にトップコートを塗ることもお忘れなく！ 一から塗り直す必要もないので、ぜひ次はこのテクニックを使ってみてくださいね

Q 自分でストーンをつけると、すぐに取れてしまいます。

A ネイル専用の接着剤でつけると取れにくくなります

ストーンをトップコートでつける人も多いと思いますが、トップコートはあくまで表面をカバーするためのもの。接着面が小さいストーンを接着する力はないので、自宅でネイルをする方は、ネイル専用のグルーを一つ購入すると便利ですよ。速乾性があり、接着力が強いので、ストーンをつけたデザインも長持ちします。

Q 爪を傷めず、オフできる方法を教えてください。

A ゴシゴシとこすらずにスーッと引くように落としましょう

ネイルリムーバーをコットンにしみこませてから、すぐにゴシゴシとこすり落とすのは爪を傷める原因のひとつ。爪の負担をできるだけ軽くするためには、コットンを爪に当てたらそのまま数秒置いてください。少し時間を置くことでポリッシュが簡単に溶けるんですよ。溶かしたポリッシュをコットンで雑にこすると爪まわりの皮膚にも色が広がってしまうので、コットンを爪の先端へスーッと引くようにすると、キレイにオフすることができます。

Q ネイルポリッシュを塗ると、なぜだか表面に気泡ができてしまいます。

A ボトルを上下に振ると気泡の原因になりますよ

もしかしたら、塗る前にボトルを上下に振ったりしていませんか？ ネイルポリッシュをシェイクすると全体に空気が混ざり、塗ったときに気泡になってしまうのです。ボトルの中には小さなボールが入っているので、手のひらでボトルをコロコロとゆっくり転がすだけで、充分に全体の濃度が均一になりますよ。

Basic Technique

ネイルのデザインの基本的なテクニックをご紹介。ちょっとしたコツをつかめば、デザインのバリエーションが増えて、ネイルがもっと楽しくなるはず。

■基本のテクニック

FRENCH -1
■フレンチ

愛されネイルの女王的存在、フレンチネイルをマスター

1 ブラシの角度で外からセンターへ

ポリッシュがムラにならないよう、ハケをボトルでしごき、ハケの形を三角形に開いて塗るのがコツ。外側から内側へ角度をつけて。

2 逆サイドも同じ要領で外から中へ

両サイドのフレンチラインの位置と角度がともに同じになるように注意しながら、外側から中央へとフレンチラインを描きます。

3 間をつなぎフレンチ完成！

両サイドから入れたラインをつなぐように、内から爪先に向かって塗る。ハケの先端をきちんと合わせるとフレンチラインがキレイに！

FRENCH -2
■逆フレンチ

オシャレ感のある人気の逆フレンチにもトライ

1 塗り始めはセンターから

逆フレンチはベーシックなフレンチ塗りをするとムラになってしまいます。フレンチの幅を決めて中央から先端へハケをすべらせて。

2 圧をかけずにサイドをつなげる

サイドも中央から先端へ塗ります。ハケを強く押しあてるとハケが広がってしまい、はみ出たり、筋ができてしまうので、優しい力で。

3 逆サイドも素早く塗って完成

ハケは爪の表面と平行にすると、均等に塗ることができます。逆フレンチは緊張しますが、素早く塗るとキレイなツヤが出ますよ。

DOT
■ドット

ホログラムをのせれば
可愛らしいドットも簡単！

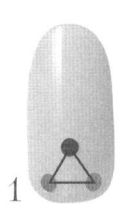

1 スタートは3点置きの三角形
ベースを塗ったら、爪の根元にホログラムを正三角形に置きます。根元の両サイドの位置を先に決めると、真ん中の位置がわかりやすい。

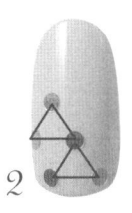

2 正三角形の位置に繰り返して置く
ホログラムの位置を決めたら、スティックや楊枝、ブラシでネイルグルーを点で置き、その上にホログラムをのせれば長持ちします。

3 三角形を続けるとドットが完成！
根元から先端へ向けて正三角形を描くようにホログラムをのせていくと、自然と可愛いドットになります。ランダムにのせるより簡単。

— nail basic —

BORDER
■ボーダー

1 ベースは完璧に乾かすことが必須
セロハンテープを使って真っ直ぐな線をつくるので、ベースをしっかりと乾かすことが何よりも大事。一日置くとさらに安心です。

2 好みの幅に合わせテープを貼る
自分の好きな幅にセロハンテープを貼り、ポリッシュを塗ります。マスキングテープは下が透けて見えないので、透明テープが便利。

3 ポリッシュは薄く塗るのがコツ
ボトルの口でハケをしごいて、できるだけ薄く塗ると、セロハンテープの下からはみ出たり、エッジに角が立つこともありません。

ボーダーもコツをつかめば
自分でできるオシャレ柄

Basic Technique

BIJOUX
■ビジュー

華やかなカラーストーンで
ビジューの繊細な輝きを楽しんで

1 メインのストーンからスタート！

メインとなる大きいストーンや色の濃いストーンから先に置いていくと、ビジューの黄金比率のバランスがとりやすくなりますよ。

2 オシャレ風味はランダム感で出す

隣同士のストーンが平行になったり、上下左右が均一だと、整いすぎて変に見えてしまいます。ランダム感を出すことがポイント。

3 ブリオンで穴を埋めて完成

最後は、穴の空いた部分をゴールドやシルバーの小さなブリオンで埋めます。このひと手間で、一気にビジュー感がアップして高級感が！

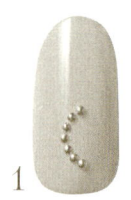

SMILE
■スマイル

ニコちゃんマークは
ゴールドのスタッズが基本形

1 位置を決定しブリオンを置く

スマイルはサイドに寄せて置くと品が出てオシャレ感が出ます。ネイルグルーで円を描いて下地をつくり、その上にスタッズを置いて。

2 難しい円形は型紙で予習を

スマイルは一粒違うだけで楕円になってしまうことも。爪の大きさの型紙を作り、シミュレーションをすると失敗がないですよ。

3 好きな表情をつくりスマイル完成！

目の位置や口の形は自分のお好みで。目を寄せたり離したりするだけで表情が変わります。目をストーンやホログラムにする手も。

— nail basic —

NAIL BASIC

Complex Care

爪のコンプレックスに人知れず悩んでいたり、上手にネイルを楽しめない女性、必読です。

■コンプレックスケア

Q 短くて丸い深爪が子どもっぽくて恥ずかしいです。

A 濃い色などのオシャレ色は小さい爪のほうが似合うんです！

深爪の人はちょっとでも爪が伸びるとすぐに切ってしまうクセがあるので、それを解消するためにジェルをつけるのも手。ジェルをつけるとカットする気持ちになりにくいので、気がついたら長く伸びてた、なんてことになると思います。また、スカルプチャーなどで長さを出せば、爪をタテ長に見せることもできますよ。一方で、小爪は濃い色や華やかなデザインもやりすぎに見えず、可愛くこなせるメリットも！　小爪ならではのネイルを楽しんで。

Q 横幅が広い爪。まるで男の人みたいなんです。

A 先端細めのオーバル形の逆フレンチがベストです！

幅広の爪は四角く見えてしまうので、長さを少し出して先端を細めのオーバルに整えましょう。男性的な印象の爪から、女性らしい印象へと変えることができます。デザインは逆フレンチがオススメ。クリアカラーのベースに、深めのフレンチラインを入れると、目の錯覚により爪がタテ長に見える効果があるんですよ。

Q 大きすぎる手と爪がコンプレックスです。

A ヌード系の色でカムフラージュし大きめのストーンを使いましょう

大きめの爪に悩む女性は多いですが、肌になじむヌードカラーやピンクベージュのネイルを塗ると、大きさがかなり目立たなくなるはず。また、大きめのストーンやモチーフをあえてのせると、手や爪の大きさよりもデザインに目が行くので気にならなくなりますよ！　濃い色や深紅のネイルは、爪の存在感が増してしまい、大きさがさらに目立ってしまうので避けたほうがよいでしょう。

— nail basic —

Complex Care

Q 大人になった今でも、爪を嚙んでしまうクセがあって……。

A ジェルネイルをすると徐々に嚙み癖が治りますよ

爪を嚙むとどんどん深爪になってしまい、短い爪になってしまうのであまり印象がよくないですよね。解決方法のひとつは、あえてジェルネイルをすること。ジェルをすると爪に厚みが出て嚙み切れなくなるので、自然と嚙むクセがなくなります。また、ポリッシュに入れて使う、嚙み癖専用の苦い液を使ってみる手も。

Q ささくれができたり、爪の周りが乾燥しやすくて悩んでいます。

A 栄養面に気をつけて爪の乾燥対策を忘れずに!

爪の周りにネイルオイルやハンドクリームを塗って、乾燥を防ぐことが大切です。季節を問わず、一日に数回塗る習慣をつけて常にうるおいをチャージし、手を保護するようにしましょう。また、栄養面にも気をつけたいですね。亜鉛、ビタミンB_2、B_6、ビタミンCなどを摂取すると徐々に健康な状態になるはずです。

Q 爪が薄くて二枚爪になりやすく、すぐに欠けたり折れたりしてしまいます。

A 爪切りは絶対にNG!ベース&トップコートで補強を

ベースコートとトップコートを塗るだけでも、かなり爪の補強になって折れにくくなると思います。また、爪の伸ばしすぎもよくありません。爪にひびが入り、折れてしまうと二枚爪になり、結果的に薄い爪になってしまう……という悪循環になりがちです。そして、絶対に爪切りで切らないこと! 爪をパチンと切る衝撃で、表面に小さなヒビが入り、二枚爪になってしまうのです。

Q 凹凸状態に爪が波うってしまい、治りません。

A 正しい甘皮処理で
キレイな爪が育ちます

爪の根元にある甘皮の下のネイルマトリクス（爪母ともいう）という部分にダメージを与えてしまうと、凹凸の爪が生えてきてしまいます。甘皮処理を自己流で行うことも、ネイルマトリクスに傷をつけてしまう要因になってしまいますので、できるだけ甘皮処理はネイルサロンでプロの手に任せることをオススメします。適切な処理を続けていれば、徐々に正常な爪に戻るはずですよ。

Q 足の小指が小さくて
ネイルを塗る部分がほとんどない……！

A フットケア不足で
角質が爪を覆っている可能性も！

ヒールの高いパンプスを履いていると、足の小指が圧迫されて爪の周りがどんどん角質化してしまいます。その角質が爪に被さるように硬くなってしまい、爪が半分以上隠れているケースがとても多いんです。サロンのフットケアで角質をケアすると、爪の範囲が倍以上になることもあり「爪が見えた！」なんて喜ぶ方がたくさんいます。自己流ケアだと爪を傷めてしまうこともあるので、できるだけサロンでケアをして正常な爪をキープしましょう。

— nail basic —

ネイルのデザインを楽しむ秘訣は
健康な爪を育てる、この5箇条にあり！

実は、肌や髪の毛と同じく、健康状態によって変化したり、栄養不足によって爪のトラブルが起きてしまいます。日々、基本的なことを注意するだけで、トラブルのない健康な爪が生えてきますよ。

1 爪切りは使わない！
2 自己流の甘皮処理はやらない！
3 食事のバランスを考える
4 ハンドクリームをこまめに塗る
5 爪は長くのばしすぎない！

inspired......

デザインが生まれるところ

ネイリストの仕事は、常にインプットとアウトプットの繰り返し。
アウトプットだけを続けていると、やはり疲れてしまうので
イン&アウトのバランスをとるようにしています。
世の中の情報収集が必要だと思われる職業ですが、
普段はあまりテレビを観ていません。
必要じゃない情報は、あえて入れないことが大切だと思っています。
そのぶん、素敵な写真集や昔のファッション誌が大好きなので
洋書屋さんや古本屋さんを訪れてお気に入りのものを収集しています。
家には、この（右ページ）10倍くらいの写真集や雑誌があるかな。
ヘア&メイクアップの仕事をしているだんなさんも、同じく洋書や
ファッション誌が大好きなので、ふたりで買い集めています。
カメラマンやモデルの有名無名にはこだわらず、
いいな、と感じるものは何でも！
色彩に溢れている写真から、モノクロ写真まで
直接ネイルに関係なくても、写真から伝わる"何か"があれば
自ずと惹かれてしまいます。デザインの参考になるのは、ファッションの
歴史本やジュエラーの年鑑かな。きらびやかな宝石をながめていると
ネイルのビジューのアイディアが次々と膨らんでくるんですよ！
海外ドラマや映画のDVDもよくチェックしています。
ファッションやインテリアも何もかもがエキサイティングで
キラキラと輝いていて！ パワーに溢れた女性たちの姿に刺激を受けて
私も可愛いネイルをつくりたいな、という創作意欲が盛り上がるんです。

Photographs

Movie, Drama ...

Fashion Magazine

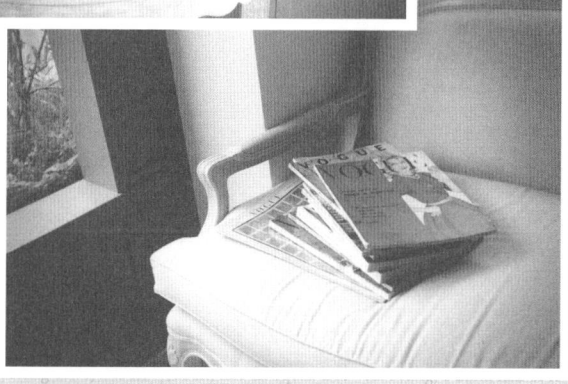

INSPIRED......

et Rire

ネイルサロン　エリール

Salon Data

〒107-0062 東京都港区南青山 3-18-9
SAKURAHOUSE 2F
[OPEN] 平日／9:30 〜 18:30　土日／9:30 〜 18:00
[CLOSE] 不定休
☎ 03-3470-1184（完全予約制）
http://www.etrire.jp/

何よりも大切にしているのは
"ベーシック"なものが持つ"永遠のパワー"

　昔の洋雑誌を眺めていると、数十年経った今でも可愛いと思うファッションやヘアメイクをたくさん発見できます。流行が現代へと進化してきた過程も見えるし、ずっと変わらないベーシックなものも見えてくる。長い間ずっと愛され、今に続いている普遍的なものには、そこにしかないよさがあります。そのよさをいかして自分のデザインに取り入れたいといつも思っています。なので、ネイルのデザインをするうえで常に意識しているのは"ベーシック"であるということ。旬のカラーはもちろん取り入れるけれど、その旬が過ぎたら飽きてしまうようなデザインにならないように心がけています。何年経っても可愛いと思えるデザインこそ、エリールのネイルだと思うのです。

Maki Fujiwara
Maiko Kaneko
Ayako Masago
Miyuki Yoda
Yuka Okada

et Rire

地下鉄の表参道駅から徒歩1分、という好立地にあるエリール。花と緑が溢れる大きな窓から、柔らかな日射しが店内を明るく照らし、穏やかでハッピーな雰囲気に包まれる。ハンドネイル専用が3席。フットケア専用が1席。個室が1室。

多くのデザインが生まれ、お客様にくつろいでいただく場所でもあるエリールのサロンは、インテリアにもこだわりました。イメージはパリの街並みにあるようなお店。壁の色や照明、家具の配置まで自分で決めて、設計士さんに依頼をしました。ミントグリーンや深みのあるラベンダーの壁、淡いグレーのダマスク柄の壁紙など、こだわり抜いた壁はとても落ち着くとお客様にも好評です。窓の外のキラキラとした日射しの中にあるグリーンも、インテリアの大切な要素のひとつです。表参道から脇道へ入り、数メートル進んだ建物の2階にあるサロンには明るい光が差し込み、とても気持ちのよい空気が流れているので、ポジティブな気持ちでデザインに取り組むことができるのです。

サロンの奥には、ゆったりと過ごしていただける個室をご用意（右）。座り心地のよいソファーやクッションは、フットケアやペディキュアの時間を贅沢な時間へとチェンジし、ドレープが美しいカーテンも優雅な気分にさせてくれます（上・右）。窓際に吊した3つの照明は、自分のイメージをオーダーしてつくってもらったお気に入り（左）。

ET RIRE

最後に
from Maki Fujiwara

藤原真紀のネイルデザインの原点は"ファッションと色"

　思えば、子どもの頃から、"色"が大好きでした。キラキラと輝くビーズの色や、折り紙の色。グラデーションに並ぶクレヨンや色鉛筆。特に意識はしていなかったけれど、色の持つ不思議な力に魅せられていたように思います。ネイリストとしてデザインを考える今も、必ずスタートは色から。イメージを具現化するためのベースとなる色を決め、そこに足りない色やストーンを足して、最終的に"ほしい色の世界"をつくり出す。これが私のネイルデザインのつくり方です。

　また、私が生み出すネイルのデザインの出発点には、いつもファッションが欠かせない要素として絡んでいます。幼い頃から祖母の家に親戚がよく集まって、美容や洋服が大好きな叔母や母と一緒に、ファッションショーをしていました。「あ！このコートとバッグ、似合うね」「その黒のスカート貸して！」なんて言いながら、みんなでワイワイと着せ替えごっこをして過ごし、子ども心にとても楽しかったことを覚えています。"ネイルとファッションとのコーディネイトを何よりも大切にしたい"、という今の思いは、この頃の経験が大きく影響しているようにも思います。「キャメルベージュのコートに、このボルドーの帽子を合わせると可愛いね！」といったことをいつも繰り返していたので、知らず知らずのうちにファッションやカラーコーディネイトの勉強をしていたようなものなのかもしれません。

from Maki Fujiwara

とはいえ、「ネイリストになりたい！」と強い願望を持ったことは一度もありませんでした。大学の英文科在学中にロンドンのメイクアップスクールに留学をして、大学卒業後にヘア＆メイクの事務所に入ったのですが、ここで出会っただんなさんと21歳で婚約、22歳で結婚と、かなり早いタイミングで家庭に入ることになりました。23歳で出産し、産休に入ったあとは自分のオシャレすらままならず……。子どもは可愛いし、毎日幸せではあったのですが、女性としての自分を楽しむ余裕がない状態でした。そんなある日、「そういえば、シャネルの赤いマニキュアがあった！」と思い出して、久しぶりに自分で塗ったん

赤のマニキュアが教えてくれた
色の魅力とネイルのパワー

です。そのときの高揚感といったら……、今でも忘れられません！　そのときに、ふと「ネイルって素敵かも!?」と思い、試しに3ヵ月だけやってみようとネイルスクールに申し込んだんです。でも「続かないかも」なんて気軽な考えだったので初心者コースからでした（笑）。通い始めた黒崎えり子先生のスクールは本当にとても楽しくて、次々と上のコースへ進みました。卒業後は、スクールの先生が表参道にオープンしたネイルサロン「tricia(トリシア)」で働かせてもらうことに。ここから私のネイリスト人生がスタートしました。子どもがまだ小さかったので、他の人と同じ働き方はできなかったけれど、未熟な私を育ててくれた場所。ここでネイリストとして働くことができた数年間の経験は、今の私のベースとなり、財産となっています。

そしてこの頃、平子理沙さんとの嬉しい出会いもあり、30歳で独立。子どもが小学校に上がったので、「独立すれば自分のペースでゆっくりやっていけるかな」と気楽な気持ちでの独立でした（笑）。でもマンションの一室でたったふたりで始めたころは、それはそれは大変で……。雑誌の企画にデザインを出すため、サロンの閉店後に一度帰宅し、最終電車でサロンにもう一度出社して朝まで制作して、そのまま開店なんてこともしょっちゅうでした。想像とは違う毎日でしたが、夢中でやっていたらあっという間に5年。現在は、表参道駅の近くにサロンを移転し、みんなで力を合わせてがんばっています。

笑顔が集まるエリールは
幸せの集まるエリール

「et Rire／エリール」というサロン名は、フランス語で「〜と笑う」という意味です。「あなたと一緒に笑う」「ここに来ると笑顔になる」。そんな気持ちを込めました。ここまでいつも笑顔でやってこれたのも、ネイルを通じて出会えた多くの人の支えがあったからこそ。いつも笑顔で温かく見守ってくださるたくさんのお客様に、心から感謝を申し上げたいと思います。そして、同じ気持ちを持って一緒に歩んでくれるエリールのスタッフ。そして、いつもそばで私を支えてくれる家族。彼とふたりの娘たち、両親にもお礼を言いたいと思います。

私は人見知りなのですが、人が大好き。「女性をハッピーにしたい！」という思いがすべてです。この本を読んでくださったすべての方が笑顔になれれば、とても嬉しいです。

from Maki Fujiwara

Enjoy Nail!

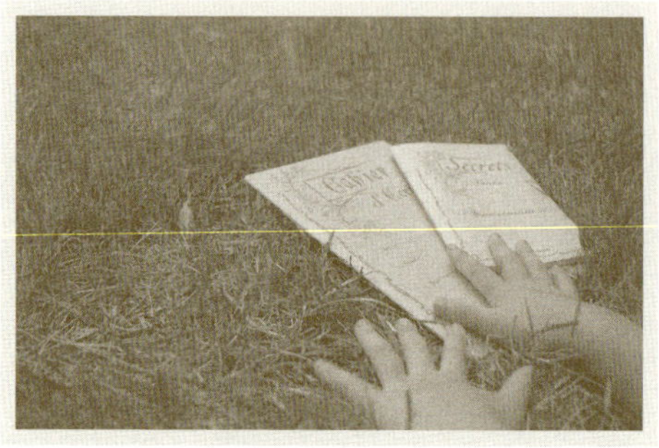

photographs
Mami Ishizawa, Natsuki Hamamura

hair&make-up
George (for Risa Hirako)

text
Tomoko Oniki

art direction
Shuusaku Matsuura/mashroom design

design
Yoko Watanabe/mashroom design

special thanks
Maki Shinozaki/Harmony promotion

本書に掲載されている服、小物などの商品は
すべて私物ですので、お問い合わせには
お答えできかねます。ご了承ください。

藤原 真紀／ふじわら まき

青山のネイルサロン、エリール（et Rire）主宰。絶妙なバランスのカラーセンスと、シンプルながらクオリティの高いアートに定評があり、その"大人可愛い"ネイルは、さまざまなファッション誌、ビューティ誌で人気。タレントの平子理沙さんをはじめ、多くのモデル、女優、美容関係者に支持されている人気ネイリスト。

講談社の実用BOOK
大人のおしゃれネイルデザイン帖　すぐできる165

2012年11月29日　第1刷発行

著者　藤原真紀
©Maki Fujiwara 2012, Printed in Japan

発行者　鈴木 哲
発行所　株式会社講談社
　　　　〒112-8001
　　　　東京都文京区音羽2－12－21
　　　　編集部 ☎ 03-5395-3529
　　　　販売部 ☎ 03-5395-3625
　　　　業務部 ☎ 03-5395-3615

ブックデザイン　マッシュルームデザイン

印刷所　大日本印刷株式会社
製本所　株式会社国宝社

落丁本・乱丁本は購入書店名を明記のうえ、小社業務部あてにお送りください。送料小社負担にてお取り替えいたします。なお、この本についてのお問い合わせは、生活文化第二出版部あてにお願いいたします。本書のコピー、スキャン、デジタル化等の無断複製は、著作権法上での例外を除き禁じられています。本書を代行業者等の第三者に依頼してスキャンやデジタル化することは、たとえ個人や家庭内の利用でも著作権法違反です。定価はカバーに表示してあります。

ISBN978-4-06-299779-9

et Rire